進擊的台劇

故事×技術×IP放大

瀚草與合影視如何打造影視台流，走向世界！

曾瀚賢、湯昇榮——口述

廖昀靖——撰文

目次

第三章 共好。共存

推薦序

說故事也算一招嗎？

陳國富
電影導演、監製

本書說，瀚草影視成立於二〇〇八年。這麼說來，我是在那七年後，接觸了瀚草和其負責人曾瀚賢。初識場合是台北市文化局辦的一場兩天講座，主題是什麼忘記了，讓我去主持。報名講座的從業人員不少，遠超過我覺得合適的數量，所以根據報名者各自實務經歷，以及提出的電影企畫，我挑了其中不到三分之一的人參加講座。來的絕大多數是陌生年輕面孔。其中熟悉的面孔包括編劇簡士耕，那時，他向我介紹了製片人曾瀚賢。

簡士耕應該熟悉我主持講座的方式，因為他在北藝大電影研究所當學生時，選過我的課。我上課沒有成套教材，只能讓學生自行想辦法告訴我，他在想什麼、他想幹什麼、他對電影的理解有多少，我再據以反應。所以二〇一五年那個講座，我也請所有參與者都來提案，依次上台在規定時間內，對我及所有人「推銷」自己和自己的電影。這些案子有劇本發展中、剛剛申請到輔導金，甚至也有已經拍完與上映過的片。因為提案人與聽案人要互為攻守，相互激發，這種「你提案，我反問」的型態，可以「短平快」結束，也可以進行好幾天，甚至在很特殊的緣分下，會無限長久地進行下去。

我和曾瀚賢及瀚草影視，就是從此進入了一場無止盡的「講座」。

在那個短暫到大家熟不起來的活動後，曾瀚賢一直和我保持聯絡。他當時並不明確想跟我再聊些什麼，但他也不想放棄這個溝通管道。也許當時在他眼裡，我更熟悉創作規律，或我代表著更廣大的市場？

我後來逐漸明白，那兩年是他事業的至暗時期，他從一無所有的電影打工人，變成傾家蕩產賭一把的製片人，又再淪落身負巨債、一切從頭開始的下場。而且，眼下他並無轉圜餘地，當時的資源和市場環境，都看不到反敗為勝的可能。我一度心想，他找我是缺錢需要周轉嗎？不是，他的自尊和專業執念都不允許用補洞的方法讓自己好過一點。他更像是想延續那個電影行銷講座，不斷地向我提案，尋求詰問，辨析討論，找新的途徑。他意識到，過去的路肯定有哪兒沒走對，他不想重蹈覆轍。但新路在哪，有地圖嗎？

地圖一定沒有，我沒有，也沒有人有。我進來這行業靠的是機運，從不務實際的文藝青年一下變成導演，曾瀚賢則是從基層製片組幹起，一步步摸爬成無本經營者，中間沒有僥倖，只有血汗。我們的岔路能交會，純屬偶然。大家來時路是那麼不同，也說明了我為什麼常常輕忽他的困難。舉個例子，我過去一直不理解，他為什麼幾年之間要從瀚草再長出「英雄旅程」，為了拍《紅衣小女孩》又單獨開了「紅衣小女孩公司」，然後，又是什麼野草計畫，現在又冒出「合影視」。從我這樣一個只關心內容的人來看，這些都是沒事找事，給自己挖陷阱。好好經營一家公司不行嗎？這樣疊床架屋不累嗎？不會分散精力嗎？事後證明是累的，也很分散精力。但我忽略的是，瀚草沒有別的選擇。

本書某處有個小標題叫「不能奔著錢去」，我看著想笑。因為這句話更像我這種養尊處優電影人的潛台詞，但絕對不是瀚草招牌的批註。曾瀚賢和他後來的搭檔湯昇榮，事實上必須「奔著錢去」，也只能奔著錢去。當然，他們花更多時間在想創作的事，但同時也必須關心錢的事。只要是影視業內人都知道，沒錢就不用想創作的事了。而我則要很久後才明白，瀚草為什麼要一直如此金蟬脫殼、化蛹為蝶，建了一個基地又一個基地。因為他們需要新基地引來新資金，新資金意味著一窪新活水，而每窪活水又對應著一個個新的創作需求。

人類學家總結了我們的直系祖先克羅馬儂人（Cro-Magnon），為何能碾壓其他靈長動物，成為地球的主宰者？不是因為打獵技術好，不是會做工具，而是因為我們的祖先能「說故事」。說故事、聽故事為何如此重要？進而成為我們這個物種的最大優勢，甚至是存活要件，只能留待大家咀嚼。在這裡也沒必要把一個影視團隊的發展拉高到代表人類文明的程度，我有感觸的是，所有人的故事、所有行業的故事，到最後都是一種故事，就是求生故事。然後，求生的過程中，產生競技，產生表達欲，生出很多小插曲與小故事，可笑、可恨或可歌可泣。瀚草、曾瀚賢、湯昇榮，只是求生大軍中的一份子，但同時又承擔著把其他人的繽紛故事也表達出來的責任。

我其實不知道什麼是品牌書，也不知道這本書的訴求應該是什麼。我沒有看到什麼行業教戰守則，書裡也沒有語不驚人死不休的狗血情節。我看到的是昂揚的渴求，渴求活下去，渴求接受挑戰，渴求新解法，渴求把故事講得更好。正是這種老祖宗傳下來的動能，支撐著這個行業的使命，也支撐著曾瀚賢和夥伴們的拚搏。對於他們的下階段來說，有這一招，就夠了。

前言

瀚草——浩瀚的草地

曾瀚賢
瀚草文創創辦人暨合影視執行長

有機會透過品牌書，重新整理回望這幾年的變化，是難得的幸運，世界總走得太快，讓人渴求成功模式，忘了失敗讓我們學到更多，透過一次次訪談的整理，聆聽其他受訪者對瀚草的觀察，有了更客觀看待我們自己的機會，驚喜的是發現已經走了這麼遠，但也開心沒有偏離初心。

二〇〇八年成立瀚草時，有感於產業如小草般渺小脆弱，為了有力量，合在一起成為一片遼闊堅韌的草地，是願景，也是發展的必經過程。一次次的工作成為經驗，很多次的經驗變成了一個模式，從模式再建立很多系統。很幸運經過幾年的努力，除了瀚草外，旅途中多了「英雄旅程」、「紅衣」公司的夥伴，今年開始，新的團隊「鹿路」、「GrX 娛樂」、「瀚草影視」、「十隻手指」、「無界限」陸續成熟，宣告瀚草二·〇的開始。持續實踐著系統化工作室的夢想，不用期盼別人，終於有一個符合夢想的系統。

未來隨著世界各地觀眾對內容的需求，又宣告一個新的時代來臨，考驗著影視產業的我們。如果本書真能帶給大家啟發，希望不只是書裡的成功經驗，因為隨著產業資金和技術密集，內容的大爆發，遊戲規則正在改變，培養新的態度和心智反應，勇敢把世界放進我們的胸懷去想像，不苛求成功、不懼怕失敗，一切終將是禮物。

感謝幫助瀚草一路走來的人事物，及協助品牌書完成的所有人和一切善意，喜歡這句話「If your choices are beautiful, so too will you be」，願本書成為大家勇敢想像的起點。

導言

走在「台劇復興」的路上

Rose
文字工作者

在《麻醉風暴》、《紅衣小女孩》和《誰是被害者》等代表作在市場獲得巨大成功並接軌國際平台的瀚草影視，儼然已是新一代台灣影視產業中最明亮的名字之一。而瀚草的兩位關鍵人物，就是創辦人曾瀚賢及董事長湯昇榮，他們如何共同創造出這片「無中生有」的榮景？瀚草又是如何誕生？將航向何處？

且讓我們娓娓道來，瀚草這兩位棟梁如何結識，並成為彼此最重要的戰友，創辦人曾瀚賢又如何在二〇〇八年台劇盛極而衰之際，毅然決然決定創業，當時懷抱著什麼樣的理想而從製片走上創辦人之路。

瀚草誕生前的第零章——原來是李宗盛和五月天的故事

要說起瀚草的「今生」，必然要先瞭解瀚草的「前世」，不僅是唯有藉以才能理解曾瀚賢和湯昇榮如何結識，也才能挖掘到他們如何以「非主流」迎擊主流，為何堅持切入故事開發與人才培育，又如何彼此互補分工打造出現在的瀚草榮景。

時間拉回大愛電視台創立後不久的二〇〇二年，當時湯昇榮擔任大愛台的製作人，大愛台決心要以播放原創內容為主，因此有非常大量的戲劇時數需求。而曾瀚賢則是剛退伍的小伙子，懷抱著電視夢，卻適逢台灣電影最低谷的時期，因此暫且進入大愛台擔任企畫，跟著湯昇榮開始一個個劇組學習，也瞭解劇組運作。

那是台灣電影最慘的低谷時期，難以拍電影的人當然不只是曾瀚賢而已，還有許多電影導演與劇組；而大愛台既有資源與需求，又有著與商業電視台不同的氣息與文化，許多優秀但暫時沒有工作的電影人很願意來一試身手，因此催生了早期不少經典「大愛劇場」作品閃耀金鐘舞台。豐厚的角色生命與優秀導演團隊，自然也吸引了許多優秀演員參與，如《別來無恙》的田麗、《草山春暉》的楊麗音、《回家系列之團圓飯》的柯淑勤、《流金歲月》的李天柱、《美麗晨曦》的高慧君等等都是極好的例子，同時也孕育了不少後來的知名導演，如《你的孩子不是你的孩子》的陳慧翎導演、《雨後驕陽》的周曉鵬導演等等，當年都是在大愛台初嘗作品被金鐘肯定、被觀眾看見的滋味。

曾瀚賢回憶道：「那時我有幸可以與許多優秀的影視導演及劇組合作，不但讓我瞭解劇組運作，也因為我是電視台策畫的身分，反而成為劇組人員聊各種心事的對象，這讓我更深入理解劇組在拍攝過程會遇到的困境和問題是什麼，培養了我換位思考的能力。」

當年跟著湯昇榮湯哥學習的小伙子，終究還是為了電影夢而離開大愛台。一心想要進入電影圈的曾瀚賢，選擇了知名製片人葉如芬的課程，並且毛遂自薦，直接向老師「告白」無論如何都想拍電影的熱情和決心，希望可以得到實習的機會。曾瀚賢笑說：「當時如芬姐也是百般勸阻，先說很辛苦喔，確定要做嗎？」曾瀚賢打不退的決心，終於讓他進入了第一個電影劇組：在蘭嶼拍攝的《等待飛魚》，雖然製片組人力相當有限，但交際手腕靈活、反應快的他，在正式拍攝前一個月就進駐蘭嶼，並且和當地各種商家、居民打好關係以備不時之需，等到製片人葉如芬上島時，發現曾瀚賢竟然幾乎認識當地每個人，對他印象相當深刻。

或許是因為他的決心和熱情，也或許是因為際運與時機，他回想起入行過程說道：「我真的是滿快的，第一部電影當製片助理，第二部就是執行製片，第三部作品就已經是製作人。」但隨即他也笑道：「其實不是我多厲害，而是當時真的很缺！」一語道出台灣影視低潮期間產業留不住人才、青黃不接的殘酷現實，而當時對此慘況有深刻體會的他，也埋下日後創辦瀚草的種子。

二〇〇七年，他參與了台灣電影界另一位知名製片人李烈製作的長片，也是後來的金馬導演楊雅喆的第一部電影長片《囧男孩》。《囧男孩》以克難的獨立製片資源做出商業水準等級的影像品質與敘事成熟度，後來在台灣市場與國際影展都跑出好成績，在當時的台灣電影圈堪稱小兵立大功的異數，但這一切，都是剛辛苦拍攝完《囧男孩》的曾瀚賢並不知道的未來。

當時的他雖然初圓電影夢，但入行已經五、六年，深感由於產業留不住人才，每一次製作作品時都要重新帶人，經驗無法累積。雖然很幸運地一部接一部作品，但似乎都在重複一樣的克難，一樣地留不住人才，身邊的人也開始產生質疑，最後甚至連自己的心都有了猶疑：真的要繼續做電影嗎？這行在台灣真的有未來嗎？要怎麼做才有可能有轉變？

一連串的自我質疑和無法解答的困境，讓曾瀚賢決定先給自己一個空檔年（gap year），離開台灣遠赴澳洲打工度假，沉澱思考自己未來的方向——只是當時的他不但沒想到隔年《海角七號》與《囧男孩》接連上映帶來的台灣電影復興契機，更沒可能想到這一思考，不但打開了創辦瀚草之路，更間接開出了一條台灣影視的新活路。

二〇〇八年創辦瀚草，並且在《麻醉風暴》和《紅衣小女孩》初步奠基成功品牌後，曾瀚賢在業務與公司擴張、籌製《麻醉風暴》第二季的前夕，邀請了當年的伯樂湯昇榮任職總經理，希望借重他多年來在大愛台、客家電視台的多元劇本開發與製作經驗，讓瀚草邁向更多元國際化的路徑。而湯昇榮也樂於挑戰國際市場，於是在二〇一六年正式加入瀚草，兩人攜手打造出《麻醉風暴2》、《誰是被害者》、《2049》、《茶金》等兼具國際類型與在地故事特色的系列劇作，不但為台灣打開市場，也被認為是台劇走向新時代的重要推手。

有了湯昇榮加盟的瀚草，也如同瀚草草創期的結束，邁進成熟擴張的第二階段。湯昇榮笑說：「剛進來瀚草的時候，確實要適應一下以前我是他老闆，但現在瀚賢是我老闆的狀況。」兩人之間的英雄惜英雄與戰友革命情感，原來有這樣的前世今生，宛如台劇版的李宗盛與五月天。而當時在大愛台與客台所奠定的合作關係，不只是曾瀚賢的重要養分，更隱隱指著瀚草未來的發展道路。

創辦立意高遠豐滿，但現實骨感殘酷

二〇〇八年，曾瀚賢在澳洲沉澱後，仍毅然決定回台繼續投身影視產業，並且決心針對困境與痛點做出改變——於是，他打算創辦瀚草，希望在製作作品的同時也能培育影視人才，與合作夥伴建立長遠的夥伴關係。曾瀚賢再次解釋「瀚草」的意象寓意，其實與台灣影視產業半手工業的狀態有關：「瀚草的寓意就是，我們每個人可能都只是一株小草，但許多小草聚集在一起，就可以成為浩瀚廣袤的草原。」瀚草因此除了致力做出優秀的影視作品外，也很重視人才培育與產業生態圈的建立，在接案維持公司運作的同時，也希望能與合作導演及人才建立長期關係，有了更佳的默契後交出更好的作品。

瀚草首先接下的案子就是過去曾合作過的導演溫知儀的《片刻暖和》，後來還有合作多部短片；接下來另一部公共電視台劇作品《他們在畢業的前一天爆炸》更讓瀚草首度正式切入台劇及社會議題戰場，且在金鐘與口碑雙雙創下優秀的成績。

像是一則令人振奮的消息與啟示，曾瀚賢回國後適逢《海角七號》的大賣，隨後上檔的《囧男孩》也在金馬獎和市場斬獲了令人驚豔的成績，曾瀚賢更篤定只要肯做，一定可以重燃台灣電影的希望。

正由於《海角七號》掀起的台灣電影討論熱潮，讓他起心動念選擇了《阿嬤的夢中情人》作為瀚草的第一部自製電影長片，回國後開始籌備，最終在二〇一三年上映。曾瀚賢解釋道：「因為《海角七號》重新讓大家看到台灣電影的魅力，所以我想用有點懷舊的方式講過去台灣電影的榮景，我當時認為觀眾可能會對這樣的題材有所共鳴。」但事與願違，《阿嬤的夢中情人》由於投資方的期望、時代題材等因素製作成本不低，但到了市場卻叫好不叫座，最終讓瀚草一出手就負債累累，也對曾瀚賢造成不小的打擊。這次的失敗，也使原本支持他創業的家人有所動搖，所幸最終還是取得了家人的諒解，而此時昔日戰友湯昇榮也在他最艱難的時候拋來橄欖枝。

湯昇榮笑說：「那應該是他最慘的時候了，所以我就邀他來做客台的戲。」兩人一聯手就又是雄心萬丈。他們合作了客台的《南風．六堆》，即使在資源有限的狀態下，他們大膽起用六位風格迥異的新銳導演，為客台的寫實題材注入新活力，後事之師看來，他們無疑催生了後來的重要新銳導演，當時的六位導演包括後來拍出《失控謊言》與《台北歌手》的樓一安、《噬罪者》的導演張亨如，還有《逆光飛翔》的張榮吉。他們挖掘有潛質的優秀劇本、給予電影人獨立創作的空間，並且與新銳導演合作，一步步做到了曾瀚賢對公司的自我期許——在製作接案的同時，也要培育人才、打造生態圈。

但在《阿嬤的夢中情人》之後，瀚草如何重新快速修正路線呢？瀚草清楚意識到不能過度期待電影票房，應該務實地盤整合理的資源。

瀚草的第二部電影《紅衣小女孩》決定邁向票房相對小眾卻很穩定的恐怖類型，實事求是地分析了恐怖片在台灣的平均票房，曾瀚賢認為一部品質正常的恐怖片的合理整體收益應落在五千萬台幣左右，因此他大膽地用兩千五百萬元拍攝《紅衣小女孩》，行銷預算約一千萬元，但因為這個預算在不少電影人眼中屬於偏低，因此上映前並不特別被看好。但曾瀚賢再度發揮發掘新銳導演的眼光，找來以《保全員之死》榮獲金馬獎最佳創作短片、但當時尚未有長片作品的程偉豪執導《紅衣小女孩》，以新導演獨立製片的預算，一舉讓《紅衣小女孩》創下超過台幣八千五百萬元的亮眼票房，也讓瀚草的電影夢終於開花結果。

台劇轉捩點後，同樣不被看好

二〇〇八年，大家多半記得的是《海角七號》創造出台灣電影風潮，讓原本低迷的台灣電影產業風景從此改變。但是，二〇〇八年也是台劇非常關鍵且值得玩味的一年。這是《命中注定我愛你》創下台灣偶像劇最後一個破十收視率壯舉的一年，只是當時還沒有人知道這可能是台灣偶像劇的最後榮光，這個從二〇〇〇年隨著《流星花園》誕生且閃耀的劇種，終於也要迎來盛極而衰的黃金交叉。

二〇一〇年底，瀚草製作的第一部台劇、探討青少年教育與黑暗面的《他們在畢業的前一天爆炸》不僅入圍多項金鐘，更掀起意想不到的討論度，甚至在多年後都被視為經典，爾後又在二〇一七年推出第二季。《他們在畢業的前一天爆炸》默默地敲響新時代台劇的第一聲。二〇一一年，台灣最後一部紅遍華人地區甚至擴及國外市場的台灣偶像劇《我可能不會愛你》誕生，而如今看來也可能是這個時代最終的華麗落幕。

《阿嬤的夢中情人》之後，曾瀚賢對自己與公司有更明確的定位，電影上他務實地走向類型與中小成本；劇集上，他也希望做出市場區隔性，才能建立公司的不可取代性。曾瀚賢回憶道：「當時公司也是草創，才經歷過電影賠錢的狀態，還沒有能力在前期投入完整的劇本開發與撰寫費用，所以我就開始讀遍所有的優良電視劇本，雖然會有前期合作 option 的費用，但壓力會比自己開發小一些。」而他在所有的優良電視劇本中，就只看中了那麼一千零一本：黃建銘編劇的《惡火追緝》（後來改編為《麻醉風暴》）。

曾瀚賢解釋道：「因為市場上大多數的劇本都還是傳統台劇，但我當時就想要做一些類型的東西，我在《惡火追緝》裡看到了這樣的潛力。」他當時也不知道編劇是誰，就直接去媒合會找上黃建銘的攤位，開門見山地告訴他：「我想把這個劇本簽下來。」還是編劇新手的黃建銘也很驚訝，但這次的合作再次證明了曾瀚賢發掘新題材與人才的實力。瀚草後來就以開發完畢的《麻醉風暴》劇本打敗無數強勁對手，拿到公視迷你劇集的標案，即使他的導演蕭力修與編劇黃建銘都是業內新血，但他們以劇本說服了公視。

然而，《麻醉風暴》畢竟是個新嘗試，上檔前其實沒有人看好。尤其從導演蕭力修到主演黃健瑋、吳慷仁、許瑋甯、謝盈萱等人，當時就算不是新人、也稱不上是觀眾熟悉的名字或一線明星（事實上這還是劇場女神謝盈萱的第一部台劇主演），力挺創作的公視和瀚草在戲劇上檔前背負著相當大的壓力，而且行銷預算僅有十萬元。

在那個最痛苦不安的狀況下，他們非常清楚僅有的資源必須用在刀口中的刀口上。

於是他們想到公視過去醫療劇的傳統，決定從職人劇的類型切出定位、營造口碑。他們邀請到日劇《醫龍》編劇林宏司跨海舉辦醫療劇講座，並親自瞭解《麻醉風暴》的預告素材，打出質感嚴謹的第一槍。再加上他們遇到了一位貴人，也就是台灣最知名的醫生作家、同時也有多部改編為醫療劇的作品、當時擔任公視董事的侯文詠。

有鑑於不少台灣醫療相關戲劇都曾被詬病細節失真、完全不符醫療技術現場，《麻醉風暴》在製作過程特別做了嚴謹的田調，現場也有醫療顧問照看。當時公視和瀚草邀請侯文詠先來觀看《麻醉風暴》，也有請他為戲劇品質背書的意義。而且，侯文詠本身就是麻醉科專科醫生（他筆下《白色巨塔》的女主角關欣也是麻醉科主治醫生），與本劇的醫療設定更是密切相關。曾瀚賢笑說：「後來侯文詠才跟我說，他還沒看片的時候超緊張，想說萬一這劇亂拍怎麼辦，我還要背書嗎？」

但《麻醉風暴》以優異的品質順利通過了侯文詠這關，之後不僅讓醫療界率先發出對本劇充滿爆棚的好口碑，和信治癌中心醫院董事兼院長黃達夫為了推廣優質醫療劇，更是直接慷慨解囊捐款給瀚草做戲劇行銷，讓《麻醉風暴》在上檔之前開始有了底氣。

《麻醉風暴》以推理懸疑的類型結合了台灣特有的醫療健保制度弊病，冷調寫實的美劇風格與快節奏的推進，在進入市場後吸引了大批過去非傳統台劇觀眾，重新定義了台劇的可能性。同時，它在市場上確確實實劃開了瀚草跟其他製作公司的距離，過去未曾有被譽為成熟的本土懸疑劇，首開風氣的《麻醉風暴》不但讓劇中的主角演員們圈粉無數、榮耀金鐘，更吸引了大批投資人望向第二季的興趣，觀眾的期待也爆棚。

甚至，《麻醉風暴》更讓瀚草獲得知名導演陳國富的賞識，大手筆加碼投資。有了成功的第一步與市場資金的挹注與肯定，曾瀚賢瞭解了未來的瀚草必須走向二・〇，而他需要強大的戰友和他並肩作戰，讓瀚草的生產線與視野更加多元寬廣，同時開始準備正式向國際市場進軍。

於是，二〇一三年湯昇榮邀曾瀚賢製作《南風．六堆》，三年後的二〇一六年輪到曾瀚賢向湯昇榮伸出橄欖枝，邀請他重新回到製作戰場的第一線披甲作戰。

正所謂時勢造英雄，命運之神似乎也站在瀚草這邊。二〇一六年的時候還沒有人知道台劇市場即將迎來戲劇性的巨大轉折，為台劇開啟另一番嶄新光景。

湯昇榮此時的適時加入，剛好讓瀚草在這個決勝點的前夕做好了超前部署的準備。他與曾瀚賢的互相搭配，讓他們在迎接新浪潮的時刻，站在了絕佳的高度與位置。

曾瀚賢X湯昇榮再起，向國際市場進發

二〇一七年，改編自陳和榆公視短片《神算》、由公視與HBO Asia合製的迷你劇《通靈少女》上映，在地的宮廟題材搭配國際共通的少女成長題材，讓在亞洲二十三個國家播映的《通靈少女》不僅在台灣開出紅盤，而且在菲律賓、星馬、香港等地都開出相當亮眼的收視率。台劇和本土題材不僅不再是保守、粗製濫造、故步自封的代名詞，更讓市場和產業界發現：原來只要把故事說好，越有台灣特色的題材結合國際類型躍上世界舞台，更能顯出我們自己的特色與優勢。

國際OTT平台切入台灣市場，串流媒體觀看的新時代習慣正在全面攻占市場，徹底改變了遊戲規則，帶來了新的投資增加，也帶來了多元類型的接受度與觀影習慣，觀眾未來將會越來越倚賴OTT串流平台服務。不僅如此，台灣本土OTT的發展也因此被帶動了，新的投資與產製思維正在加速進行，而瀚草前幾年「差異化市場」的想法，正好為這個轉變的來臨做好了暖身的準備。

《通靈少女》帶動了國際平台與市場對台劇的刮目相看，與此同時，深獲口碑的《麻醉風暴》正邀來湯昇榮籌備第二季。為了與國際接軌並提高規格品質，《麻醉風暴2》打破公視委製的模式，成為第一部接受外部投資的公視戲劇，首集就遠赴約旦拍攝，還有捷運爆炸戲，在在展現面向國際市場、提升台劇規格的野心。而也因為第一季的優異成績，投資很快到位，從投資到發行也都開始有了國際資金的參與，投資方包括日資KKTV（現在是台灣公司）；在公視播畢後，還在民視、八大電視、KKTV、愛奇藝、LINE TV和騰訊視頻等平台播出，創下公視版權銷售記錄，也在OTT時代正式奠立新台劇回收模式。

事實上，《麻醉風暴》成功後，瀚草除了《麻醉風暴2》之外，也一直與國際平台有密切洽談，如Netflix、HBO Asia等。湯昇榮聊起瀚草在國際市場的長期經營，也不禁嘆道：「其實中間有很長的磨合期，也有一些案子沒有合作成功，最後《誰是被害者》能成功打出去，其實都是長期的累積。」

回溯到剛來瀚草並參與《麻醉風暴2》的過程，湯昇榮聊起初次與國際平台洽談合作的「文化衝擊」，累積了深厚的電視台經驗又清楚平台需求的他卻說道：「在做《麻醉風暴2》之後、《前男友不是人》還沒推出時，其實就有跟國際平台合作一個案子，但後來沒成。沒成的原因是什麼呢？因為弄到後來，發現劇本會有美國的編劇加入，文化轉譯其實很困難，彼此的文化脈絡落差太大、想像落差也太大。說真的，什麼是國際標準？美劇到底怎麼操作？我們沒那麼熟悉。而且就實際層面來說，拍攝製作又需要在台灣操作，所以如果完全以美劇的模式與想像，也沒辦法真的落地執行，所以最後就沒有繼續下去。」

同時，湯昇榮來到瀚草帶著第一個參與作品《麻醉風暴2》出去國際影視展兜售的時候，也讓他意識到台劇在國際市場的弱勢。他回憶道：「我那時帶著《麻醉風暴2》，第一站就去胡志明，然後再去二〇一七釜山市場展，雖然台灣組了超大團一起過去，但我在過程中卻感到台劇怎麼那麼慘！」原來他帶著《麻醉風暴》和《麻醉風暴2》出去，印度、越南買家等等都覺得故事題材很棒，甚至想買IP翻拍，讓他一度很有信心，沒想到談到劇集的授權金時，對方竟然出價是一集兩十美金。湯昇榮表示：「當然不賣！但後來這件事後還被其他台灣業者罵，說兩千元其實很高了，還說其實有長集數的劇集才賣兩百美金。但我就不服氣，我心裡想的是韓劇一集可以賣到幾萬塊美金，我們才賣兩千的話，我們的成本一集是六百萬台幣，這樣賣怎麼可能回收！」

雖然和HBO、Netflix等國際平台接洽合作的過程，都沒有預想得順利，但湯昇榮參與、大慕影藝國際事業公司製作、公視出品的《我們與惡的距離》讓他重振台劇的信心與地位。公視在《麻醉風暴》、《通靈少女》、《魂囚西門》、《你的孩子不是你的孩子》等劇都順利賣上國際平台後，儼然成為台劇的品質保證。提起二〇一九年的旗艦大戲《我們與惡的距離》，湯昇榮笑說：「拍出來就準備要讓人搶！」果真，二〇一八年拍完、十二月去新加坡影視市場展（ATF）的時候，HBO和Netflix兩邊都搶著要，一路開到一集超過台灣當時劇集版權金約十倍以上的天價！

沒有《我們與惡的距離》的成功，也許瀚草在《誰是被害者》就不見得能打同樣漂亮的一仗。Netflix主動投資的三部華語原創劇在二〇一九年上映後，因為從前期就參與開發製作的文化轉譯溝通成本過高，投資策略開始變化，希望是作品拍完後先看到片花，再決定是否高價買斷播映版權，而這也改變了台劇的操作模式。

曾瀚賢坦言，先拿到國際平台的投資對於製作公司而言當然是比較保險的作法，所以《誰是被害者》一開始也做過這樣的嘗試，前期陸續洽談過多國的國際串流平台，希望可以先獲得投資確認。事實上，原本已有國際平台確定要投資《誰是被害者》，所以《誰是被害者》風風火火地開始完成劇本開發、進入前製。人算不如天算，在簽約的最後階段卻逢該集團亞洲區組織進行了大規模改組，改組後又有了不同的品牌定位與思維，讓新的高層對《誰是被害者》充滿猶疑，最終雙方竟在開拍前夕和平分手。

曾瀚賢苦笑道：「當時壓力很大，我頭已經洗一半了，如果不拍，我前面劇本與劇組的支出就等於都是公司的淨損失；而且好不容易所有團隊、演員卡司的檔期費用都敲定了。但如果要繼續拍下去，預算高，後面我要承擔的回收風險又極大。」最後的結局竟然和最近台劇《神之鄉》的那句台詞不謀而合：「神明會安排最好的路。」曾瀚賢在極度徬徨的壓力下，到行天宮抽籤，結果是上上籤！於是他決定往下做，先重新找到台灣投資者，之後再賣到國際平台。

所以，沒有《我們與惡的距離》模式的成功在先，也許《誰是被害者》未必在當時有底氣硬著頭皮往前衝。

湯昇榮也總結道：「從《我們與惡的距離》到《誰是被害者》都是後賣，而且其實賣到很好的價錢，不見得比前期投資少，所以這個彈性的變化，也會改變未來的操作模式。」而且國際平台談久了，湯昇榮也更老神在在，他笑說：「其實《誰是被害者》片花出來後，也曾先給過其他國際平台看，對方不但不想要，還給了一堆修訂意見，我們一度也因此很沒信心。但後來Netflix看了，很快就確認了，而且願意出高價買下全球版權，最後觀眾反應也好。」

在《誰是被害者》之後，瀚草瞄準國際市場、類型、規格的作品，如科幻劇《2049》、時代商戰劇《茶金》等，其實也都走先拍再賣的模式，因為有時這樣反而能為製片方帶來更高的籌碼與底氣。

但關鍵仍是——作品品質必須有保證。湯昇榮特別提到：「其實瀚草從《紅衣小女孩》以來就奠定品管和補拍的固定模式，每個案子我們一定會保留補拍的預算，才能確保拍攝成果若有不理想的部分，可以再啟動補拍，確保我們最終品質的穩定，這個也是瀚草跟其他公司比較明顯的差異，我們不會是拍完就交片，我們自己還會把關與補拍。」曾瀚賢也補充道：「在拍《誰是被害者》時，我們一開始就預留了補拍的預算，因為推理懸疑是我們不熟悉的劇種，我們前期就預估了在實際操作一定會有不成熟而疏忽的地方，所以早早做好一定還需要補拍的心理準備，後來也派上用場。」

雙魚的浪漫X金牛的務實，平台思維與多元子品牌概念

雙魚座的湯昇榮和金牛座的曾瀚賢，又為瀚草帶來了什麼樣不同的性格呢？

前面已談過曾瀚賢創辦瀚草的過程，最早投入影視圈真的是靠著電影夢，但在《阿嬤的夢中情人》跌跤後，身為金牛座，曾瀚賢的務實本能就全拿出來了，電影預算控制在合理回收範圍的五成以下，挑選題材務必方方面面地思考與時代的結合，是否真的能引起觀眾的共鳴。同時，他也希望創業製作的過程中，能建立與各方長期的合作關係，慢慢打造產業的生態圈，培育人才、改善環境，讓更多有才華的人能夠留下來。

或許也正因為曾經的失敗與向務實修正，曾瀚賢從《麻醉風暴》、《紅衣小女孩》到《誰是被害者》都是明確地趨向商業類型，包括恐怖和懸疑，都是很容易向國際擴散的類型。相較於此，湯昇榮則笑說：「我是雙魚座，我比較浪漫，所以我想做的題材比較多，很多題材都會打動我。」

身為資深電視人，湯昇榮不無慨嘆地解釋道：「其實我自己經歷過老三台的時代，再到第四台開放，再到現在國際OTT的時代。台灣只有三台的七〇年代是買各式各樣的外片播放，小時候看了很多美國影集、情境喜劇。早期三台營收好的時候其實題材也不受限，可以賣到全世界的華人市場，廣告量和投資都大。例如懸疑類型早期就有

《法網》、《天眼》，後來也有《台灣變色龍》等等，台灣本來就很多元，這些都是我的生命歷程。所以我進行題材開發、英雄旅程的階段時，都是朝多元的角度思考。」

近二十年台劇的題材趨向同質化，編劇往往一直被灌輸觀眾只喜歡看哪些、不喜歡看哪些，但出身大愛台、客台的湯昇榮想法向來比別人自由，他在任職客台期間其實題材很自由，又有大量的田調與寫實基礎，從類型劇、職人劇等等應有盡有，甚至連稻米、醬油都可以是題材，對他來說沒有不能做的題材，而是要怎麼把每個題材寫得好看、有趣，做到最好。湯昇榮解釋道：「我當過記者、記錄片報導採訪等等，再到大愛台的時候，每個劇本都是真實故事，我都必須去調查，像溫怡惠、呂蒔媛等等編劇，都是經歷超長的田野過程，做到最完備的狀況下再進入劇本。我自己從記者、採訪、田調的過程中，一定都是一邊記錄，一邊就在思考最後故事要變成什麼樣子。」

他回想當年的客台劇《雲頂天很藍》，就是因為客台沒有包袱才能有那樣的創作自由，講偏鄉廢校的故事探討了少子化、外籍配偶、社區老化等等社會議題，沒有包袱地把故事寫好，最後為客家電視台拿下金鐘最佳戲劇獎。

湯昇榮表示：「這些寫實基調的訓練，和偶像劇的夢幻感差異很大，但剛好現在OTT時代，其實近五年觀眾收視習慣改變很大，如何真實瞭解觀眾到底想看什麼、打開多元的題材想像，我認為過去這些訓練都有幫助。」而且他一再笑著強調：「因為客台預算低，所以我們只能用時間換取空間，一定要把劇本好好做好，才有辦法找到願意加入的好演員與好導演，我們的劇也才有在市場生存的空間。這個概念對我來說就是根深柢固最重要的原則。」

對他而言，故事的可能性可以很寬廣，他笑說：「像英雄旅程近來開發一個劇本，以職人劇為基礎，但又加上懸疑、喜劇、音樂等元素，每集會有不同的特別來賓客串，就是很好玩的嘗試。」同時，長年的平台工作經驗也讓他在戲劇行銷和版權銷售業務上，擁有比更製片本位的曾瀚賢更豐富的經驗。

劇本題材開發的多元化延續之下，湯昇榮也為瀚草帶入同時開發多部多元作品的思維，拓展瀚草除了原本綠色品牌標誌懸疑系列之外的其他子品牌，共規畫了五個方向。綠色瀚草品牌包括《麻醉風暴》、《紅衣小女孩》、《誰是被害者》等懸疑恐怖類型作品；金色瀚草則是歷史時代劇定位，《茶金》就是第一部作品；紫色瀚草則是走科幻與奇幻路線，以《2049》打頭陣；粉紅瀚草則是走愛情、年輕路線，甚至是比較開腦洞或比較鬧的無厘頭作品，如先前的《逃婚一百次》、《同居吧！ＭＣ女孩》；而藍色瀚草則是希望走家庭、兒少路線，二〇二一年開拍的《中元大餐》就是第一部作品。瀚草也十分珍惜自己的每部作品，每部作品都有一個編號，用編號來管理就是希望可以長期經營，一代代傳承下去。

合影視：打造產業生態圈的全新一步

如前面所述，瀚草影視從成立以來一向以如何共同合作讓產業更茁壯，讓不同產業鏈彼此互助整合打造更完整的生態體系，以及產業升級為核心目標。成立ＩＰ開發公司「英雄旅程」、異業整合及Studio「瀚草文創」後，在二〇二二年三月隆重推出的「合影視」，更可說是瀚草下一階段的築夢啟動開始。

合影視是瀚草文創邀集東森電視及台灣大哥大成為有限合夥人，共同投資成立的影視私募基金，規模高達兩億五千萬元，意在為台灣影視成立、拓展新的活水源頭，讓投資力道更加長遠穩定，有利於產業長期培育人才與生態圈。身為瀚草文創創辦人暨合影視執行長，曾瀚賢在揭開合影視面紗時，先提到瀚草的第一部電影《阿嬤的夢中情人》，本片原名「台灣有個好萊塢」，講述的是七〇年代台語片風行時的台灣電影產業空前盛況，這是曾瀚賢和瀚草心中未曾或忘的「電影夢」，也是瀚草與合影視一步步築夢踏實的理想境界。

同時，瀚草影視也升格為瀚草文創「GrX」，瀚草總經理湯昇榮不但升任董事長，更重要的是肩負升格後的整合視野重任，瀚草文創將擴大深化與原本合作方開發製作的規畫，與「六魚文創」、「鹿路電影」、「無界限」公司、「紅衣小女孩」、「十隻手指」、「種草」等六家戰略夥伴共同加速催生更健全的生態系，在資源與經驗加持下，持續產出更優質、更多元的影視作品。

合影視，可以說是瀚草為台灣影視做的一個夢，而充滿使命感的曾瀚賢與湯昇榮持續各自帶領合影視與瀚草文創，築夢踏實地將夢幻化為真。

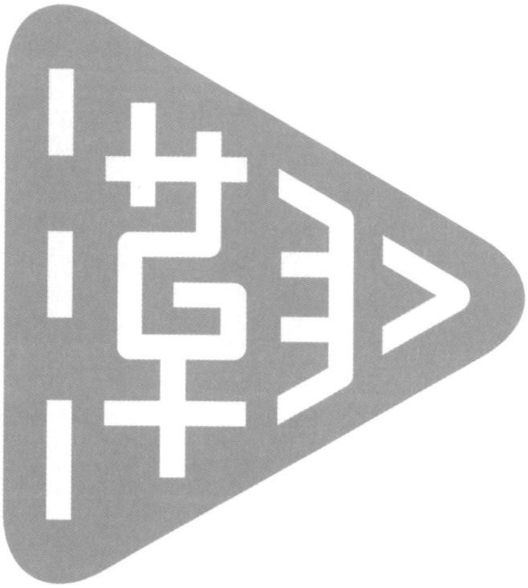

1

CHAPTER

第一章

SCENE

製作人。煉成術

曾瀚賢・從電機系到電影系

一扇緊急逃生出口亮起——電影

不像許多電影工作者自小命中注定，曾瀚賢是在接近成人的大學時期，才栽進電影世界，在黯淡困頓的青春中，電影成為一道亮起的逃生出口。

「我的空間感很好，填志願的時候就填了理工科系。」因為有天分，曾瀚賢自然而然考進電機系，但讀書的路上，差異卻漸漸產生，心之所嚮並沒有在理工的道路上順勢而出，迎面而來的是漫長苦悶。「讀了，就知道自己不合適。很苦悶，那段時期真的不知道自己要做什麼。不適合，就想要找出口，很本能地逃生。」很幸運的是，學校的視聽中心是一座典藏各類電影和外語學習影視光碟的空間，曾瀚賢就把那裡當成阻絕現實的樹屋，一天到晚往那裡跑，自成宇宙。

在此之前，曾瀚賢並不是不看電影，他和一般人一樣，武俠片、賀歲片都是生活中娛樂的一環。「但

直到那個時期，生命才透過電影找到一個出口。」曾瀚賢甚至爭取視聽中心工讀生的職位，圖著可以有更多光陰投擲在看電影之中，隨著窩在裡頭的時間越來越長，養分也越吸收茁壯。「我什麼都看，很多元，什麼《天與地》、奇士勞斯基啊，都在那裡看的。」從好萊塢大片到藝術片，曾瀚賢不挑食地吸收，這些養分通通流進電機系少年的腦中，開始翻攪醞釀。

在南投竹山成長，曾瀚賢說那個環境其實不太有機會接觸到太多藝術文化，所以當電影成為一扇他前所未見的窗，在眼前展示未曾看過的世界樣貌與觀點，他好像才第一次認識了世界。

曾瀚賢與湯昇榮學生時期照片（上、中），以及巴基斯坦之旅的合照留影（下）。

「我是從觀看電影中看到人性的，不然青春是很貧乏、很無聊的。」

在電影支撐下，電機系的學士文憑是拿到了，只是下一步曾瀚賢也決定好了，他去念了朝陽科技大學的傳播藝術系，從頭開始。

成為一名「問題學生」

真正踏進傳播領域，插大的曾瀚賢真真切切地歸零，身邊的同學都長期浸泡在影視學習中，而曾瀚賢卻是拿了一張電機系文憑的理工男，他意識到自己的缺乏，因此在這兩年化作一塊海綿，用力地吸收。

「我就是一個問題學生，我什麼都有問題，什麼都問。」一瞬間，等待許久的渴求終於迸出，源源不絕的好奇，竭盡所能地吸收知識，這個階段的環境讓曾瀚賢下定決心要從事這個行業。

但要成為從事影視產業中的哪一個角色呢？「大學的時候，每個人都想要當導演，但我好像沒有。」家中是做生意的，曾瀚賢對經營不陌生，對數字預算熟悉，他可以很快覺察，數字轉化成現實的意義是什麼，數字要轉譯的機會與危險在哪裡。「這些事情我做起來不那麼困難，我很快可以找到一些機會，同樣要執行一件事情，我知道用什麼方法帶來的能量比較大。」於是又自然而然地，曾瀚賢提起腳步往製作人的領域走去。

湯昇榮・童年就是一座大片場

從《我們與惡的距離》到《火神的眼淚》，製作人湯昇榮的名字都沒有缺席，不容忽視的高品質，每部作品都引起高度討論，叫好也叫座。而《茶金》也是湯昇榮一路相伴的孩子，他在背後餵養，流汗流淚，最後推它上台。但面對這些好成績，湯昇榮只是一貫累歪的笑容：「我想退休了啦，年輕人趕快上來吧！」

童年就是一座大片場

「我是客家人，生活在眷村，旁邊是一座大軍營，五湖四海的人充斥在我的童年。」湯昇榮是苗栗人，小時候住在郊區的軍營旁，一直到他國小三、四年級才搬到市區。雖然是在郊區，因為軍營集結成完整的社群，該有的娛樂不會少，歌仔戲、電影院、各式各樣的食物與文化，交匯成一個無法分門別類的精彩世界。

「有聽唱片，有小舞會，我才五歲吧，就跟著唱西洋歌。我印象中有一個軍醫的老婆，她是唱歌仔戲的，有時候會在家裡唱一段。」他的世界宛若一座大片場，文藝片、歷史劇、科幻片、愛情片天天在他的童年輪番上陣。

「我每天跑電影院，什麼都看，因為我們家門口給電影院放廣告看

板，所以我可以拿到免費的電影票。我什麼都看，亂看。武俠、港片，成龍的每一部，瓊瑤的每一部，《亂世佳人》、《真善美》。」每一部湯昇榮講起來都歷歷在目。當然，當湯昇榮家裡擁有那個地區的第一台彩色電視，他也就成為台灣第一代電視兒童。「我對世界的第一個想像是從電視來的，國外的影集我狂看！」影、視、音，湯昇榮都沒有錯過。「我爸爸買了幸福牌的收音機，我每天都聽到凌晨。」

從湯昇榮還沒懂事，電影、電視、廣播，就是他理解世界的通道。

除了五花八門的影視衝擊堆積起他對世界的熱情，他的親緣關係也使他天生擁有接納多元的個性。作為一個生活在眷村的客家人，湯昇榮的祖父母受的是日本教育，而母親又是嘉義人。「我有一個很好的視角來觀看世界。」「我會去住我叔叔那裡，他聽古典樂，每次都開得超大聲。」有著一個大家庭的觸角，選擇很多，但湯昇榮卻很肯定地說：「我從小就知道了，我要做影視音。」

識字之後湯昇榮也迷戀報紙，從《國語日報》開始，到了國中每次下課鐘響，都可以看到湯昇榮往圖書館走去的身影。「大家都去打球、談戀愛，我就躲在圖書館看報紙，我很瘋。」

大學考上世新大學新聞系，接著轉廣播電視學系。「念大學是我的震撼教育，我真的是鄉下的孩子。」從小文筆就很好的湯昇榮在大學裡迎接各種嘗試，他做廣播節目、寫稿子、做刊物，轟轟烈烈地擁抱所愛。

同學都問我：你在宜蘭幹嘛!?

一九九四年湯昇榮退伍，他做了一個決定：「我不要一開始就待在台北，我想要去地方鄉鎮繞繞。」在那個衛星升起、有線電視大爆發的年代，電視台一間接著一間開，湯昇榮離開影視產業的蛋黃區，把自己分配疆界。「我的同學們都躬逢其盛，他們都問我幹嘛在宜蘭。」

湯昇榮印象很深刻，退伍後，他抓著電話一間一間地打到各單位，很明確地問有沒有缺地方記者。就這樣他來到了宜蘭。

「我每天都好豐富。」地方記者跑的新聞都是真槍實彈，不像大都會裡有跑不完的記者會，大部分都必須靠自己挖，十分仰賴敏感度與直覺，更重要的是要到處交朋友。「抓毒販啊、移工議題啊，我每天跑漁港、漁會、農會、警察局，每天都要接觸各種層面的人跟事，一天要製作三條新聞，快速地判斷，然後自己剪接。」湯昇榮的角色似乎變成了刑偵片中機靈的記者，在宜蘭的日子充滿壓力卻也充實，鍛鍊了另一種抗壓性及敏銳度。

在宜蘭跑地方新聞的時期，恰好是宜蘭縣正在發展總體社區營造的階段，當時陳定南、游錫堃正在建設宜蘭的地方感，對一個縣市地方的願景發願，遠遠超過當時湯昇榮的想像。「在民國八十幾

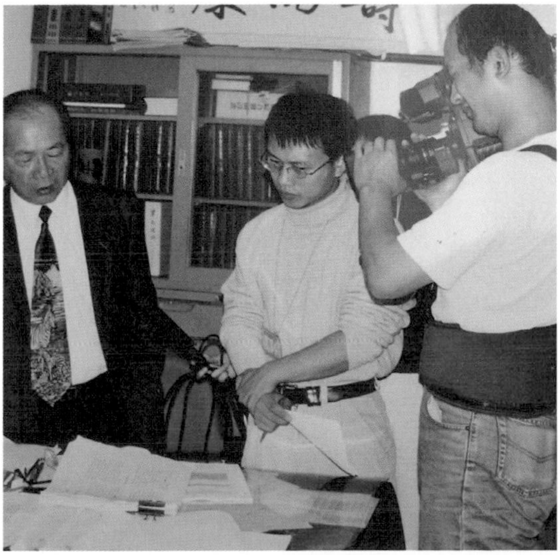

年，他們就在思考民國一百五十年的時候，宜蘭要變成什麼樣子，是一個多少人的城市，街道的樣貌是什麼……。我當時聽到是很震撼的！」這一個對未來發願的想像，落入湯昇榮的心中，影響了日後他思考事情的時間軸向。

我很幸運，我是真的很幸運

結束在宜蘭的日子，湯昇榮回到台北主戰場，他前後投入大愛電視台與客家電視台。在那裡發揮所長，打造了好幾部鑲金得獎的節目作品。

「大愛電視台的戲劇必須是真人真事，這跟我的記者訓練一樣。」把聽到的故事變成腳本，必須保留真實性，這個歷程讓湯昇榮扎實地理解劇本的操練。

而在客家電視台擔任副台長兼節目部經理時，湯昇榮的策略是布局全球，因為語言與性質的限制，他清楚知道在製作作品時如果把對手與目標觀眾鎖死在台灣，那肯定無法和一般商業電視台競爭。「我一直在思考故事要怎麼說，也以全球的獎項為目標，我只要把客台給我的任務做好，繼續做好的內容，放眼全球的時候，語言根本不是限制，反而是加分！」

「因為資源很少，反而更要想辦法發光。」這是湯昇榮在客台時給自己的課題。

每一年，他會訂下一個明確的主題，圍繞一個大主題發展各種節目。「這是一個旗艦的概念，透過一個主題讓資源集中，又可以互相支援交流。」他舉例，如果這一年以「稻米」為主題，那就會有稻米的戲劇、稻米的記錄片、稻米的對話性周邊節目等等。匯聚力量也創造資源，這是一個平台必須要思考的邏輯，如何在同樣的資源限制中，創造最大的效益延伸。

「我很幸運，我做的一切都有累積，然後他們又都順利地在不同任務之中運用。我真的很幸運。」湯昇榮習慣把努力都輕描淡寫地歸類於「幸運」，但所有人都知道那份幸運之中是巨大的熱情，以及不斷想辦法解決問題的耐力，「問題來了，就想辦法解決，下次問題來了，就更有機會了！」湯昇榮樂觀又帶點浪漫的拚命三郎性格，成為瀚草影視不可或缺的燃料，也是曾瀚賢非常重要的互補夥伴。

浩瀚的草原・成立公司

與湯昇榮相遇，經驗加值

「那時候真的沒有本土電影，當你看到整個電視劇劇組都是電影人，就知道沒有電影了。」曾瀚賢當完兵時千禧年剛過，相較於電視產業的興盛，國片市場一片冷清。在朋友的介紹下，進了大愛電視台，在湯昇榮的部門工作，兩個人是這樣相遇的。

湯昇榮回憶：「那時候有人推薦瀚賢給我，說：『我有個朋友快退伍了，能力好又很有心，叫做傻賢。』」結果傻賢並不傻，當時湯昇榮的團隊專門拍攝各檔戲劇的「Behind the scenes」，放眼影視圈，一支專門記錄幕後、拍攝花絮的團隊，那是台灣史無前例的編制。

當時大愛電視台的拍攝量很大，一年三百六十五天，每天都有同時五、六組劇組在拍。曾瀚賢說：「所有人才都在這裡了，厲害的導演、有扎實田調的編劇，我剛退伍就可以一下子接觸這麼多劇組。」曾瀚賢以幕後企畫的身分，每日穿梭在各式劇組裡。除了鍛鍊企畫能力，曾瀚賢笑說他「特別」的身分讓他很有收獲。

「因為我是獨立於各個劇組之外的工作人員，所以劇組裡每一個人都會跟我說劇組裡的酸甜苦辣。」作為一個劇組的出口，曾瀚賢聽到的不只是八卦，更多的是在這些傾訴中慢慢拼湊出劇組的概念，聽到他們的匱乏與需求，看到了平衡與不平衡的關

湯昇榮（左）、曾瀚賢（右）盛裝出席新加坡頒獎典禮。

鍵。「我好像慢慢理解他們在想什麼、遇到什麼樣的困難，我也在思考，如果是我，我要怎麼跟這一群人相處？」不知不覺中，曾瀚賢已經在累積製作團隊的思考邏輯與經驗。

在湯昇榮身邊擔任企畫一職長達三年的時光，湯昇榮並沒有想到曾瀚賢未來會往製片的方向走，更沒想過他會成立公司。湯昇榮回憶道：「在那個時期，所有人都有導演夢，雖然瀚賢當時掛的是企畫，但對我來說他做的都是編導的事。」提概念、寫大綱，到後期剪接，曾瀚賢通通一肩扛起操作執行。

曾瀚賢說他當然有感覺到整個影視產業最炙手可熱的位置就是導演，「在這個階段，我看到很多有才華的導演。比起來，我好像不一定要往導演的方向去。」在製作現場有敏銳的觀察力、好奇市場的風向，又有經營管理天賦的曾瀚賢，開始投入製作人的領域。

在自己獨立完成一檔戲劇的完整花絮製作後，曾瀚賢就向湯昇榮請辭。「我就跟湯哥說我還是有電影夢。」曾瀚賢想拍電影，即便當時國片看起來再慘，他都要親自跳進體驗。

像海浪來回拍打，但沒有東西留下

曾瀚賢很擅長把自己放在沒有退路的處境，和湯昇榮道了再見，他咬牙往電影的路上直奔。一次機緣下，他向製片葉如芬毛遂自薦，希望可以參與當時正要進行前置的作品《等待飛魚》。

「葉姐當時看著我，誇張地說：『很累喔，你確定？』我回答她：『我很確定！』」曾瀚賢從製片助理做起，當時要去蘭嶼拍攝，曾瀚賢在拍攝前先遣至島上布置資源。當劇組抵達蘭嶼時，曾瀚賢就開車帶各組人員熟悉所有與拍攝相關的人事物，「葉姐很訝異，因為每一個經過的人都跟我打招呼。」要把資源搞定就必須與人熟絡，曾瀚賢的機靈反應讓人印象深刻。

但沒想到的是，在參與幾部作品後，曾瀚賢卻黯然離開台灣。

「我後來去療傷。」曾瀚賢到了澳洲打工度假，他想，搞不好就這樣離開影視產業了吧？滿懷熱情地投入後，曾瀚賢發現眼前是一道道無限輪迴的迷宮。

「當時疲倦感好強，你會發覺怎麼一直在帶新人？

影視圈年後開工一定得拜拜。

帶完一個人就離開一個人後又一個新人進來。」這代表什麼呢？對曾瀚賢而言，這是一種永無止盡的消耗，消耗新人，也消耗自己，他阻止不了人才離開，因為他也看不到未來。「那一段時間我發現自己一直在做重複的事，出現重複的情緒。這樣的模式，我覺得我做不下去。」原本考慮到澳洲讀電影學位的曾瀚賢，在繞了一圈之後，還是決心回到自己的土地上。只是這一次歸來，他告訴自己，如果還是想要拍電影，當環境不如自己所願，那就是必須要改變的時刻了。

在影視產業，曾瀚賢與湯昇榮成為互補的好搭檔。

把自己放在沒有退路的地方

回到台灣，曾瀚賢那一年三十一歲，他決定要成立自己的公司。再一次，曾瀚賢把自己放在沒有退路的地方。「決定回來，我期許自己一定要創造改變。」——二〇〇八年「瀚草影視」成立。目標很明確——累積。

成立公司，懷著說好故事的初心，以打造永續的「生態圈」為目標，「瀚草」指的是從小草長成浩瀚草地，而這塊草地的重點落在生態圈的養成，一開始小小的沒有關係，風來了會彎腰搖擺也沒有關係，偶爾一場大雨或颱風就被淹過了頭，簡直是廢墟的狀態，那也沒關係，這是大自然的一部分，小草們會照單全收。重要的是，不論有什麼遭遇，有死有生，都不能阻止這塊生態圈繼續循環。

31歲的曾瀚賢期許自己一定要創造改變，一路至今與湯昇榮一同邁進下一步「合影視」。

2

CHAPTER

第二章

SCENE

打造。生態圈

落地。破土

和青春告別，《他們在畢業的前一天爆炸》

二〇〇八年「瀚草影視」成立，完整且有脈絡地掌握人才，創造累積，作為成立公司的初心。最開始，曾瀚賢想找接近生活、發自內心而有所感的主題，他認為一個好故事的核心一定是往生活裡靠攏，才有機會觸動人心。

當曾瀚賢讀到《他們在畢業的前一天爆炸》的劇本，他相當有感觸，「我很深刻記得鄭有傑（導演）說了一段話，他說我們都不青春了。那時候，鄭有傑、簡士耕和我都三十歲出頭了。所以我們就抱持最後一次拍青春片的心情來拍。」

這部作品，是由公共電視主動邀約木二（簡士耕筆名）所創作的電影原始劇本，改編成迷你劇集。由鄭有傑擔任導演，瀚草影視執行製作。《他們在畢業的前一天爆炸》這一部青春末段班的作品，成為瀚草影視剛剛起步就創下好口碑的短影集作品。

幫我記得我還沒壞掉的樣子：給青春一個溫柔的擁抱

二〇一〇年，公共電視企畫「青春三部曲」，主要是因為時下戲劇作品鮮少談論青春世代正在面臨的處境。當時台灣戲劇聚焦在較有消費能力或是鮮明的女性、上班族，二十五到三十五歲的族群，在戲劇主題上也多從工作或家庭切入。

公共電視戲劇組組長李淑屏分享當時對戲劇的觀察是：「青少年族群是不被照顧的，所以公視在那一年希望可以切入這個角度，也是在思考我們跟一般商業市場可以有什麼差異。」看到了編劇木二投「電影優良劇本」的作品，公視認為這個劇本很有張力、爆發力與潛力，於是聯繫了劇作家希望有機會拍攝。木二很快就答應，並推薦了導演鄭有傑以及監製曾瀚賢。

《他們在畢業的前一天爆炸》的原創劇本描繪了青少年的「虛無感」，青春放浪中，少年少女們的自由奔放，同時面對無以名狀的虛無感受，帶點無厘頭的風格。但在改編為迷你劇集的過程裡，鄭有傑做了些調整。李淑屏說當時鄭有傑很清楚自己已經是當爸爸的年紀了，而不管是他，或是編劇木二、監製曾瀚賢，都已經離那個青春的十七歲很遠了，「這三個大男人都不可能用一個十七歲、接近青少年的角度去看事情。」面對這個困境，鄭有傑想起他二十三歲時聽了宋岳庭的一首曲子〈Life's a Struggle〉。「那是他青春期後很重要的一首歌曲，在這首歌裡他感受到青春的憤怒。」李淑屏說這首歌成為《他們在畢業的前一天爆炸》中很重要的召喚，召喚導演回到青春後期，能夠感受和理

解青少年憤怒的體驗。「透過這個作品，他希望在憤怒之外，給那些在成人世界衝撞的青少年一個比較溫柔的擁抱。」

《他們在畢業的前一天爆炸》是鄭有傑第一次執導「電視」作品，當時的他已經拍過多部電影短片、長片，包括入圍金馬獎多種獎項的《陽陽》。

在過去，電視、電影從學院體系就是分開的，嫁接到產業中，也是各自發展。但瀚草一成立，曾瀚賢很明白他並不局限。如果單純從製片來看，那邏輯可能是已定型的：電視劇組或電影劇組，兩邊的工作團隊並不流通。「可是當我們從故事開始開發，我就可以什麼都去嘗試，可以打通各種可能。」曾瀚賢嘗試模糊電視與電影人才間的界限，兩邊的資源、專業與技術漸漸產生流動，在往後瀚草影視操作資源或行銷上都落下影響。

作品獲得很高的評價，那一個年代的青春少年少女，都在劇中找到與自己共鳴的角色。曾瀚賢回想這部作品成功的關鍵：「熱忱，我覺得還是要做有感的故事！」《他們在畢業的前一天爆炸》這一部有感的作品，也在金鐘獎獲得十足有感的獎項：迷你劇集．電視電影——最佳節目、最佳編劇、最佳男主角、最佳男配角、女配角。

迷你劇集

《他們在畢業的前一天爆炸》

Days We Stared at the Sun

播映時間 2010. 12. 18 – 2011. 01. 01 ｜ 5 集，每集 60 分鐘

導演 鄭有傑｜**編劇** 鄭有傑、木二｜**製作人** 曾瀚賢｜**製作公司** 瀚草影視文化事業股份有限公司

主演 黃遠、張家瑜、巫建和、紀培慧

到底電影是什麼？《阿嬤的夢中情人》

二〇〇八年，對所有電影人來說都是興奮又夢幻的一年：《海角七號》以五．三億元票房作收，在當年台灣電影史上留下僅次於《鐵達尼號》的票房記錄。

「我操你他媽的台北！」、「山也BOT海也BOT！」一句句經典台詞撼動當時失落已久的國片市場，《海角七號》瞄準社會基層的小角色，寫出他們生活的渺小無奈，替當時為生活所苦的台灣人出一口氣。製作費為新台幣五千萬元，拍攝過程十分艱辛，導演魏德聖拿房子抵押貸款，劇組每晚下榻一晚不到五百元的民宿，煎熬苦過後創造了票房奇蹟。

「《海角七號》的成功，把電影人都喚醒了！」曾瀚賢說一部電影帶給整個市場巨大的希望。但他卻也看見熱血沸騰之後，整體拍攝預算飆飛的現實處境。「有意思的是，《海角七號》之後整體預算飛漲，好像電影已經不再是過去的面貌。」曾瀚賢口中的「過去的面貌」就落實在《阿嬤的夢中情人》之中。

「我想要用電影來捕捉電影的一種興起與衰敗。」《阿嬤的夢中情人》作品原名「台灣有個好萊塢」，由蕭力修與北村豐晴共同執導，故事描述台語電影時代的興起、榮景與衰敗，重現台灣也有好萊塢——北投片廠的華麗光景。以歌舞喜劇包裝，深入揭露當時電影產業的心酸與腐敗。找來藍正龍與安心亞擔當男、女主角，在劇中不僅是喜劇舞台風格，也加入歌舞劇，襯托當時台灣電影的歡騰盛況。

劇中，男主角劉奇生（藍正龍飾演）含冤入獄，女主角蔣美月（安心亞飾演）前往探視。劉奇生告訴她，沒有電影了。蔣美月堅定地喊：「導演還沒有喊cut就不算！你導我就演！」以動人的愛情故事，向當時台語片興盛的時代致敬。

新手上路，總有打滑與迷航，瀚草影視成立的第三年，嘗到苦頭。

「成立了一間公司，做了《他們在畢業的前一天爆炸》，得了一些獎。我就感覺我會做了。當然太有自信了，馬上跌一大跤。」曾瀚賢回憶這個慘烈的摔倒，這一跤是二〇一三年電影《阿嬤的夢中情人》。投入成本六千萬元，不僅遇上同期其他國片競爭，瓜分票房，後期宣傳費用也斷炊，行銷失利，叫好不叫座，票房低迷，成為網路熱門下載影片，慘賠三千萬元。

不只《阿嬤的夢中情人》，當時瀚草手中另一個同一年拍攝的案子，《234說愛你》狀況也遭逢困難，在拍攝的過程失去投資方的挹注。「我們咬牙拍完，到處借錢。拍完後真的沒有錢了，所有的後期製作都沒辦法做。」

《他們在畢業的前一天爆炸》對瀚草影視而言比較傾向委託製作，風險和獨立拍電影有一定程度的差距。電影直接面對市場票房，必須找到投資者，但製作公司在還沒有名氣的狀態下，要找到投資者非常困難，要得到投資者穩定的信任更是艱鉅。「所以在那個階段，我什麼錢都找，最後取向變成都是為了錢，可能就會失去一些判斷。」曾瀚賢舉例，接受投資方的要求、改變內容方向、增加一些元素，都是很有可能的。「必須接受一些條件，但可能那些對片子不一定是好的。」

票房失利，對市場不熟悉，投資方不信任，對曾瀚賢來說造成失敗的原因很多，但他最大的教訓是：「失去對內容的掌握度。失去領航的能力，導致無法對後面的發行有所承諾，行銷操作上沒辦法有規畫地與市場溝通。」於是一艘剛剛啟航的船，搖搖晃晃地猛然觸礁。

不能奔著錢去

這一遭谷底，公司還是開著，只是搬到與別人分租的小空間，只養得起一名會計。最終也波及到曾瀚賢的家人。「家人一直都很支持我，但我全部都賠掉，還有債務。他們很擔心會有人到家裡去鬧。」曾瀚賢撐下來，公司繼續開下去，但自己到處去接案子打工，將債務集中，每個月固定還錢。「當然在過程中，我爸是做生意的，他們也很希望我回去家裡工作，我也想過，但最後還是拒絕了。當我拒絕家人，我就一定要想辦法養活自己，一定要成功。」

在製作《阿嬤的夢中情人》期間，曾瀚賢獲得的最大啟示是思考如何掌握「主動性」。

在《阿嬤的夢中情人》與《234說愛你》給曾瀚賢最大的體會就是「主動性」。「我怎麼主動掌握這個案子，找到最合適的方法，而不是奔著錢去。」另外他也開始思考，要如何找到真正可以幫助雙方得利的投資者，他期待投資者是真正可以幫助作品成功，而製作方也不能只訴求錢。回想當時台灣影視產業的投資還不太多，許多公司都還在觀望，對影視產業模式與生態的陌生而導致撤資的狀況偶有發生，結局往往都很慘烈。「影視產業當然有很多不成熟的地方，它正在成長，會需要多一點支持才有辦法往前走。」

《南風・六堆》的機會訓練

湯昇榮聽聞曾瀚賢身在谷底的狀況，便遞來邀請。湯昇榮說：「我知道他那時候大概很慘，就邀他來做客台的戲，他需要新的機會。」於是誕生盛大的《南風・六堆》。

《南風・六堆》是客家電視台推出的六支短片，由六位導演深入地方土地、田野調查挖掘故事，所有

作品都在六堆拍攝，深度帶出土地上的社會面貌。曾瀚賢說：「原本湯哥問我有沒有推薦的導演，我就想既然是這樣的計畫，那就找六位不同的導演分別做吧。」於是曾瀚賢給自己出了個難題，考驗他的製作能力。

「總預算分為六部，原本一部不夠，變成六部不夠。」曾瀚賢回想起來還是頭疼，六部片、六種條件都不同，遇到的問題通通乘以六倍。但這次的經驗卻也累積了起來，他從六位導演身上學到不同的敘事方式，也是在這個歷練中，初步感受到「類型化」概念的思考雛形。

他最開始的想法很單純，找不一樣觀點的導演合作，漸漸地，每個人發展自己的特長，延展出風格不同的創作語言。「整體成果是好的，如果說有什麼突破，我認為就是真的支持了一些新導演。」這些導演包含《逆光飛翔》的張榮吉、《一席之地》的樓一安，以及後來拍出《噬罪者》的張亨如等人。

撐過了這一關，曾瀚賢知道瀚草影視的下一步，絕對是關鍵之役。

《南風・六堆》的歷練，支持了一些新導演的誕生。

《阿嬤的夢中情人》

電影

Forever Love

上映時間 2013. 2. 27 ｜**長度** 124 分鐘
導演 北村豐晴、蕭力修｜**編劇** 林真豪、王莉雯
製作人 曾瀚賢｜**製作公司** 瀚草影視文化事業股份有限公司
主演 藍正龍、安心亞、天心、王柏傑、龍劭華
預算 $6500 萬元｜**票房** 2255 萬元新台幣

吸收。累積

《紅衣小女孩》，缺乏的力量

「我不可能再賠一次了，我家裡面已經夠難過了，我到底要怎麼翻身？」為什麼要做《紅衣小女孩》？曾瀚賢說那像是走在末路途中，反而有了膽量。

面對恐懼的能力

不論是市場思維、人才專業、技術不足，或是曾經長達三十年的《電影檢查法》留下的負面影響，台灣的恐怖片市場當時是冷冷清清。但並非沒有恐怖片，市場中充斥著日本、泰國的恐怖片，在市場狀況最差的時候，票房都還有三、四千萬台幣的穩定基礎。曾瀚賢因此判斷，台灣觀眾絕對是有看恐怖片的需求。

恐怖片根植於社會的集體恐懼，如果一個社會不

知道怎麼面對恐懼，就會變成一種禁忌。曾瀚賢指出禁忌在社會形成的原因是缺乏面對，同時他也認為，恐怖片作為一種類型，必須要被創造與突破。

《紅衣小女孩》的故事原型，來自一九九一年開播的台灣電視史上第一個靈異單元《玫瑰之夜・鬼話連篇》。一九八八年有一則新聞轟動全台：一家人到台中大坑山遊憩，以V8記錄歡樂模樣，但事後回顧影片，竟有一位身著紅色衣服的小女孩跟在這家人身後，但問過一輪同行的人，沒有人看過女孩。從那之後，紛紛有人「舉報」在台灣各地山區都曾見過這個熟悉的紅衣女孩。

而這樣的故事，或許正是來自當時台灣社會對於山的未知所產生的集體恐懼。曾瀚賢認為：「這個作品要講的是面對恐懼，梳開執念，要看到你真正害怕的東西是什麼，才有可能走出這個恐懼。」

說著這句話的曾瀚賢看起來信心滿滿、充滿力量，但其實曾瀚賢在企畫《紅衣小女孩》的時刻，正處於谷底低潮。

「你會以為我什麼都有，沒有，我決定做《紅衣小

女孩》是因為我什麼都沒有，缺乏，是一種很豐厚的東西，缺乏才有力量。」曾瀚賢回憶當時的谷底，他老實說，自己可以如此義無反顧，也是因為自己一無所有。

缺乏的力量

紅衣系列三部曲，是一開始曾瀚賢就喊出口的，他要拍三部曲的系列恐怖片。在當時的市場環境，放眼望去沒有台灣的類型片，更不用說是恐怖片了。但他這一番喊話也不是胡謅和魯莽，而是腦子裡千迴百轉之後，憑著對電影的那一點點「執念」而做的決定。沒有走火入魔，而是非常清醒地操盤。

「我就是要拍三部。然後大家的反應是：『我才不相信你』。」曾瀚賢知道投資者會擔心，也會質疑，但有了《阿嬤的夢中情人》以及《234說愛你》的經驗後，他願意更坦露決心，他喊「我要拍三部。」事實上是在喊「我有一個長期計畫，我願意花時間把它做得完整，你願意陪伴我們成長嗎？」這個三部曲計畫背

後的邏輯，並不是因為「我非常有把握，所以我來，我可以。」而是「我需要在產業裡衝撞成長，我不可以一失敗就作結，我缺乏，但我有力量。」

曾瀚賢思考的仍然不只是要把一部片拍紅，而是如何真正形成一個循環。要拍恐怖片，就要花時間培養這種類型的人才，從故事、技術、導演、演員，方方面面都必須從頭摸索，不是模仿日本、不是翻拍泰國，而是從故事根源就來自土地。「我一部做不好，難道就不該繼續投資嗎？還是說，我第一部或許不到位，但我還有第二部、第三部，我慢慢做好它，你給我多一點機會，不要這麼快就用時間定生死，不然這個產業永遠都會有才能有限的問題，我希望它可以持續被經營。」

當曾瀚賢決心要拍類型片——恐怖片，一口氣要拍三部時，不僅投資方存疑，連圈內人也會擔心。「會有人擔心做不好。對，但我不是因為知道會贏，所以去做，我只是在想怎麼樣不要輸，所以才去做。這是我們比較勇敢的地方。」

曾瀚賢很喜歡電影《KANO》中貫穿全劇的一句

話：「不要想著贏，要想不要輸。」二〇一四年由馬志翔導演，魏德聖、陳嘉蔚編劇的《KANO》上映，講述一九三〇年代，一支由原住民、日本人與漢人共組的嘉義農林棒球隊，在資源匱乏、能力低落的狀態下，因新教練的加入翻轉命運，打進甲子園的故事。

《紅衣小女孩》三部曲現在可能還無法在時間上定奪是否贏了，但沒有輸是絕對的。二〇一五年《紅衣小女孩》上映，首週三天票房三千萬，總票房八千五百萬。二〇一七年《紅衣小女孩2》票房破億，成為該年度票房冠軍，直至二〇二二年才被《咒》超越，二〇一八年《人面魚：紅衣小女孩外傳》票房七千零九十五萬。

《紅衣小女孩》拍攝現場。

導演 程偉豪

當程偉豪接到《紅衣小女孩》電影拍攝的邀請時，他有所掙扎。和許多創作者一樣，心中擺著一個非說不可的故事。「當時我很希望自己的處女作是《目擊者》，所以瀚賢邀請我的時候，我有點猶豫。」那個時間點，程偉豪完成了三部電影短片，二〇一五年的《保全員之死》同時拿下金馬獎及台北電影獎的最佳短片獎。心中雖然有一個創作者的堅持，但他知道台灣在當時的市場狀況下，有資源要拍一部「恐怖片」，是不可多得的機會。於是《紅衣小女孩》也就意外成為他的首部電影長片。

研究所時期，程偉豪的短片作品《搞什麼鬼》是一部嘲諷鬼片的鬼片，以後設情節嘲諷類型片中所謂的「公式化」，為了這個作品，程偉豪當時看遍了各種恐怖片的手法。他認為這是曾瀚賢找他合作的契機點。「從決定參與到開拍，時間非常緊湊，可能不到半年。」也因此他們約法三章：「不更動主要故事的大架構。」這是製作人站在控管立場上十分靈巧的約定，

為了使製作跑動，在有限的條件下和編劇、導演約定共識，不讓故事架構無止盡的調整。

剛開始，程偉豪的確有束縛感，在研究恐怖片經典時發現，那些「熱門的鬼」最後都會有一個關於自己身世的故事，一個追本溯源的過程。「第一集的時候我很想要實踐這件事，關於紅衣小女孩自己的原型故事。不過，那個時候我與瀚賢、士耕已經對整個劇本的大架構有了共識，也就朝這個方向執行。」這個大架構就是：「抓交替。」抓交替是一種未知的循環，人們對隨機、無跡可循的天降災厄特別恐懼。一個接著一個，哪一天可能會輪到自己？

「泰國有《幽魂娜娜》，日本有《貞子》，台灣也有自己恐怖片的經典形象，像是這個「紅衣小女孩」，可以由此拍出一個屬於台灣經典形象的恐怖片。」除了參考國外的恐怖經典，在達成共識前，大夥經過一番討論，抓到什麼是屬於台灣的恐怖。

結論卻是和喜劇一樣，每個人對恐怖、會害怕的東西就與笑點一樣，每個人都不一樣。「有人特別怕手指，有人怕針，有很多恐懼是別人無法理解的，這跟每個人的生命經驗有關。」程偉豪回到研究層面，發現亞洲電影大多有著「因果循環、輪迴」的概念，文化層面擁有如此跨語言與族群的共識，「我覺得就是亞洲恐怖片很厲害的地方，它可以打到你內心害怕的地方，這一點一定要抓好、抓穩。」

這也就是後來在《紅衣小女孩》中看到喊名字、抓交替的劇情安排。除了

「抓交替」，也取經《厲陰宅》等恐怖片的不敗手法——「逛鬼屋」。觀眾常常覺得奇怪，為什麼這條走廊、那棟房子或是那座森林，擺明了就「有事」，主角卻偏偏要往裡面去呢？但觀眾卻無法拒絕這樣的安排，一邊咬著牙罵，一邊遮著眼睛卻仍從指縫投射好奇的視線。這就是「逛鬼屋」最基本的套路——「沒辦法，因為每個人都對未知恐懼又好奇。」程偉豪想盡辦法在逛鬼屋的過程中，讓觀眾不斷驚呼連連。

「就像坐雲霄飛車，本來就知道它是衝下去，然後被拉上來。」但每個人都還是會尖叫，心臟還是會狂跳不已。程偉豪認為這就是恐怖片的娛樂性所在。

「恐怖片對我來說是一種嘗試，我思考當我身為觀眾的時候想要得到哪種娛樂，然後觀察市場想要的是什麼，最後找出娛樂的最大公約數應該長什麼樣子。」這就是當時《紅衣小女孩》為久未有恐怖片的台灣市場所做的大型實驗。

黃河坦言，當他看到「紅衣小女孩」要改編成電影時，他非常害怕，「我甚至因此猶豫了好幾天。」一個在社會中流傳的故事，離台灣人心非常靠近，作為演員，對於要接觸這種「敏感」題材，仍有一絲敬畏與猶豫。但他也思考：「碰上這個故事，會不會也是冥冥之中注定？」黃河接受了，也迎來何志偉這個角色。

「瀚草在選擇要做什麼故事的時候，不單是題材，說故事的方法、如何與市場溝通，他們是有一整套明確的邏輯與想法的。」黃河走進《紅衣小女孩》不只是因為冥冥中注定，也因為看到瀚草影視推出恐怖片背後的深思熟慮。「就跟我一樣，大家聽到紅衣小女孩這五個字就會覺得害怕，比起殭屍，這是不是更可能發生在我們身邊？」在走進戲院之前，觀眾就能掌握作品的調性與恐怖的氛圍，黃河認為這是對題材掌握的最大優勢。

黃河是喜歡看恐怖片的，雖然鬼片是一個抽象的類型，每個人對恐怖、對鬼的想像都不同，「但當我因

為這部片而產生恐懼、驚悚的時候，這個感受是非常真實的。」在劇情片中，觀眾會為別人的悲傷哭泣，為別人的快樂而笑，但在恐怖片中，觀眾是為自己的害怕而尖叫。然而，《紅衣小女孩》又不只是讓人恐懼的作品，黃河分析，故事有一個完整的架構、明確的世界觀，觀眾可以看到角色內心的慾望，跟著人物一步步鋪墊懸疑。「一開始我就被劇本吸引，角色很好，故事也好聽，不只是嚇人而已！」

但恐怖片要嚇人，也並非易事。拍攝前置，黃河與女主角許瑋甯便與導演程偉豪抓出劇本特定場次，反覆排練。「我印象很深刻，有一場戲是男、女主角到預售屋裡面，他們要跳舞、親密，但最後吵起架來，那一場戲我們排了兩三次。」黃河說排練時，他們詳細分析這兩個人要吵什麼內容，然後試著吵看看，準確地安排要在幾分鐘內吵到什麼程度，「觀眾要聽得懂我們在吵什麼，但台詞都不用講明。」一場戲，製造高度的戲劇張力，塑造兩個角色的個性，帶出他們各自在乎的東西。

黃河說，像這樣的排戲與前置溝通，完全切中類

型片需求。

回想當時，不要說恐怖片，黃河說他對類型片的概念也是一知半解。《紅衣小女孩》建立了他認識類型片表演的基礎，從「恐懼」開始。

類型片為了有效率的掌握節奏，在鏡頭的設計上相對講究細節。「每一秒的畫面都是經過設計的，沒有所謂的自然形式。」因此在拍攝前期的排練和有效溝通就成為關鍵。《紅衣小女孩》在前置排練的一個重點，是放在恐懼營造上。黃河說除了鬼片，一般的劇情片不會遇到強度這麼高的恐懼表現。

「一般的害怕不太會有這麼長時間的強烈反應，頂多是你看到蟑螂時，會嚇一跳。但在鬼片中明顯不夠，所以它可能是兩千隻蟑螂，加上牠們爬滿你的身上，而且你弄不掉。」排練時，演員們不斷尋找加大恐懼的表現方法。最後黃河從肢體上找到方法，他讓脖子爆滿青筋，用力繃緊，展現身體的強烈束縛感。

黃河強調，類型片是各方各面高度專業操作的成果，事前的準備、有效的排練與讀本絕對是幫助拍攝現場和拍攝成果的必要條件。在類型片中，演員和導

演、攝影、美術，都要有十足的溝通，確認彼此的想像定位，合作成為成敗關鍵。「這需要非常多演員配合影像敘事的表演，接點的節奏，每一顆鏡頭的長度，希望呈現起來是什麼樣子，這些都是構成類型片最大的特色。」

黃河說他在這個劇組裡，更深入參與協調拍攝的細節，「演員不能只是到現場去演就好了，在現場之前的討論和精確的排練，是更重要的事。」《紅衣小女孩》開啟了黃河對類型片專業度最早的認知與學習。

《紅衣小女孩》

The Tag-Along

電影

上映時間 2015. 11. 27 ｜**長度** 91 分鐘

導演 程偉豪｜**編劇** 簡士耕｜**監製** 曾瀚賢

製作公司 瀚草影視文化事業股份有限公司｜**主演** 許瑋甯、黃河

預算 $4500 萬元｜**票房** 新台幣 8500 萬元

《紅衣小女孩2》，療癒系鬼片

延續「執念」的核心精神，《紅衣小女孩2》把執念的對象鎖定在「女性」，尤其是母親的角色。因此誕生了沈怡君（許瑋甯飾）、李淑芬（楊丞琳飾）與林美華（高慧君飾）三位母親各自承擔難解的執念：渴求家庭的沈怡君，對女兒有強烈控制慾的李淑芬，無法化解喪女之痛的林美華。

因為有電影院通路的投資，上映院數超過八十六家，廳數超過一百，三大影城聯手合作的氣勢非凡。而《紅衣小女孩2》也投入一千五百萬元宣傳費，遠遠超過一般國片約五百萬元行銷費的水準，希望「紅衣小女孩」這個IP，能在電影放映前，就先鑽進觀眾的腦袋裡。這部作品最後不負眾望，累計破億票房。

女性的掙扎

當「母親」的主題在續集中確定下來後，放眼原本的劇組，從導演程偉豪、編劇簡士耕、製片曾瀚賢，

沒有人有把握可以說好關於女性的細膩故事，因此編劇楊宛儒加入團隊，為作品補上女性觀點。

但是為什麼是女性呢？除了研究發現女性是恐怖片很重要的客群，女性展現脆弱與勇敢的對比強烈，會使觀眾有強烈的慾望想看到女性的勇氣與成長。而在首部《紅衣小女孩》的映後分析中發現，主要觀眾也落在中學女生。呼應這些跡象，編劇抓準女性的掙扎，把她們的渴望投射在角色中。例如媽媽淑芬與女兒之間的情感糾結，難以討論的青春期情感被放上大螢幕，青少女們從中得到抒發。

而紅衣小女孩究竟單純是魔？或是有「人性」？編導在掙扎後做了選擇，終究回到人性面思考：為什麼祂會想要抓人？祂的執念是什麼？足夠的情感量支撐起整個紅衣的世界觀。

而相對於「執念」，故事必須要告訴觀眾的是如何「面對執念」。細膩有溫度的劇本，使觀眾思考的是如何放下執念——這也是為什麼觀眾會看恐怖片看到落淚的原因。

《紅衣小女孩》的成功，替程偉豪在續集帶來更多的空間。「我開玩笑說，第二集是用來補償遺憾的。好像市場對你有信心了，你原本想要做的就可以去嘗試了，但那是什麼呢？」不做重複的事，是程偉豪接下續集任務的目標。

在和曾瀚賢、簡士耕一起反覆鑽研後，程偉豪說他們除了要擴充「鬼屋」的場景，也更加彰顯了角色的層次，最後透過三位母親的角色，走進她們的經歷。「我們覺得市場有『親情』的需求，因此在劇本上設定角色說出幾句關鍵的話，而那些話其實就代表了很多人的背景和社會關係。觀眾是在意這些的。」單親家庭、墮胎，或是社會大眾對母親角色的期許，都在《紅衣小女孩2》成為關鍵。

《紅衣小女孩 2》拍攝現場。

像《侏羅紀公園》的那種恐怖吧

到了第二集，紅衣系列的企圖不只是觸及熱愛恐怖片的核心觀眾，而是透過足夠好的劇情吸引那些不一定會看恐怖片，甚至害怕看恐怖片的觀眾，走進戲院。

「我們那時候一直提醒彼此，有一個共同認知就是關於《紅衣小女孩》到底要多恐怖？我們當時給了一個定義，那就是《侏羅紀公園》。」意思是，希望打造一部「有普世價值」的商業類型電影。不只有娛樂，觀賞的過程能有情感投射，就程偉豪的說法就是「要有武戲，也要有文戲」，武戲就是恐怖片的手法，文戲也就是情感。

「必須要做到當觀眾走出戲院時，追求恐怖的人被滿足了，但同時情感面也被填滿了。」恐怖片在形式之餘，必須透過角色設定，讓觀眾理解角色的煩惱與執念，讓觀眾感覺角色的情感與自己很靠近，有所共鳴。

類型片的考驗：舊瓶新裝

談到類型片的關鍵，程偉豪認為是在考驗「舊瓶新裝」的能力。

西方的類型片多元，可以取經的比比皆是。「即便用了再多西方的手法，最終還是要找到台灣習慣的樣子，這個很重要，是創作者藝術性的來源。」落地，在地化，接地氣，就是要找到目標觀眾真正在意的事。

「關鍵就是你新裝的方式是什麼？你對舊瓶有足夠的瞭解了嗎？」類型片普遍有一個基本的公式，程偉豪舉例，恐怖片就是在玩恐怖的娛樂手法，犯罪片則在等待翻轉。「這些公式你有沒有掌握好，還是你急著想要推翻它？」雖然說公式好像很容易，但並非如此，類型片並不是沒有想要表達的主題，而是透過娛樂的手法，讓觀眾投其所好地看到創作者最希望他們接收到的觀點。

威秀影城董事長 吳明憲

吳明憲是《紅衣小女孩》系列電影的重要推手。早些年在二十世紀福斯電影台灣分公司擔任行銷總監。二〇〇八年起擔任中藝國際影視暨中環國際娛樂總經理，二〇一〇年起出任威視電影董事長，二〇一四年起兼任威秀影城董事長。

豐厚的影視資歷，不論在國際購片、發行以及行銷端或戲院端，吳明憲對於什麼片子該怎麼推動瞭若指掌。「瀚賢當初跟我提要拍三部曲的鬼片，我認為是有機會的。」他認為美商在操作ＩＰ發展、續集早已行之有年，台灣沒有道理不能做。「我們當時的判斷是，恐怖片的進入門檻不高。當時的共識是第一集瀚賢只打算用很實在的預算，先試水溫。」

「我對瀚賢的印象，他很務實，因為我們都是金牛座吧！」吳明憲表示在這個產業中，要遇上一個講話、思考都實在，並且在溝通語言上能以「聽得懂」的方式談話，「這種對頻的人，其實不多。」也因為曾瀚

賢的務實，給吳明憲很大的信任感。

「我跟瀚賢說，我們第一集如果成功，那續集就來組公司，好好的把這個ＩＰ操作下去。」

推手的把握

吳明憲認為，在當時台灣沒什麼人拍恐怖片的狀態下，要投資《紅衣小女孩》，他是有把握的。「第一是我很喜歡看鬼片啦，再來台灣人誰沒聽過『紅衣小女孩』？」他查過，當時網路上流傳紅衣小女孩出沒的影片連結，已經有三百多萬次的瀏覽量。以一個家喻戶曉的人物，改編成為一部故事電影，吳明憲認為這個基礎很扎實。

「當我跟大家說『紅衣小女孩』時，他們會有畫面，能有聯想。」有一個可以指認的況境，減少了很大部分的溝通成本，這是吳明憲認為這個電影可行的第一個把握。

第二個把握則是情感連結。「第一次看完《紅衣小女孩》的初剪時，大家都被感動到。那個當下我就認

為，這個案子沒有太大的問題了。」吳明憲分析，他過去操作國內、外恐怖片的經驗中，恐怖片大概可以分為兩類。

一類就是打定主意要讓觀眾體驗「被嚇」的娛樂性，很純粹地展現技術和恐怖片的公式套路，鬼在劇情裡不一定需要身分背景，只要站在惡的那一端，逢人就害。另外一類則是近年來比較多的故事走向，把故事包進恐怖片中，抓著一個談論情感的核心，可能是愛情或親情。「除了夠嚇人、夠恐怖，但它的恐怖中又要能讓你感動。《紅衣小女孩》就是這樣的片子。」

三大影城聯手出擊

《紅衣小女孩》第一部有中環國際娛樂、華映娛樂與大慕影藝三方聯手投資。而第一集的成功，所有業界人士有目共睹。除了在中環國際娛樂做電影投資發行，吳明憲的另一個身分是威秀影城董事長。當宣布要拍第二集時，吳明憲當起領頭羊，在劇院端發起共同投資的先例。

「雖然不同戲院看起來是同業競爭，但其實我們有一個戲院公會，會彼此互相交流。」《紅衣小女孩2》由吳明憲的「威秀影城」，聯手「國賓影城」、「秀泰影城」共同投資。三家影城巨頭合力出擊，把《紅衣小女孩2》的聲勢抬到高點。

「第一部成功的時候，我就知道第二部一定會賺錢。」吳明憲很有把握，

不論是知名度打下的基礎群眾，或是第二部成本預算的掌控，衡量後他認為第二部會迎來更大的成功。但這時候吳明憲思考的是如何趁勝追擊，在這個時間點趁勢翻轉大眾對國片的想像。「所以當時我跟秀泰影城、國賓影城兩家的老闆說：你們投這個案子一定會賺錢。」但除了投資，他們看重的是三大競爭的影城巨頭共襄盛舉所創造的影響力。「大家都會好奇，為什麼競爭對手會一起來投資？」當時公布消息前，三家影城的臉書還聯手埋哏，前一晚同步寫道：「明天會有大事發生！」

吳明憲開心地說：「第二集票房就破億了，鬼片要破億真的很難。」他認為這是一個很成功的「串連力量」，當競爭對手的戲院都一起投入一部電影，業界或一般觀眾都張起好奇的眼光，成功地把作品等級往上提升。

《紅衣小女孩 2》

The Tag-Along 2

電影

上映時間 2017. 8. 25 ｜ **長度** 108 分鐘

導演 程偉豪｜**編劇** 簡士耕、楊宛儒｜**製片** 陳信吉、林仕肯｜**監製** 曾瀚賢

出品方 中環國際娛樂、華映娛樂、大慕影藝、樂到家國際娛樂、華研國際音樂、秀泰國際娛樂、國賓影城、講故事有限公司、瀚草影視文化事業股份有限公司

主演 楊丞琳、許瑋甯、高慧君

預算 新台幣 4500 萬元｜**票房** 新台幣 1.05 億元

《人面魚：紅衣小女孩外傳》，打造紅衣宇宙

作為一個系列恐怖片，建構恐怖世界觀是「紅衣小女孩」三部曲努力的方向。從第一部單一支線的試水溫，到第二部把更多神怪角色放進故事，建立立體的世界觀。

在電影之外，更成立「紅衣小女孩股份有限公司」，積極開發ＩＰ，把紅衣的世界推展至周邊商品，包括漫畫、密室逃脫，甚至ＶＲ影像等。「紅衣小女孩」透過三年的耕耘，漸漸成為一個台灣的恐怖標籤。

「紅衣小女孩」第三部《人面魚：紅衣小女孩外傳》在二〇一八年上映，累積票房七千多萬。

劇情往過去延伸，在時間軸上是兩部《紅衣小女孩》的前傳，三部曲走到最後一集，導演的棒子從程偉豪交接到當時剛拍完「公視新創電影」《濁流》的新導演莊絢維手上。演員也有全新的陣容，找來鄭人碩與徐若瑄擔任男、女主角。前面兩部曲著重在女性角

色的困境與突破，這一集則讓男子氣概噴發，塑造英雄角色，也就是鄭人碩飾演的黑虎將軍角色。

在加拿大念動畫特效的莊絢維，並沒有背離紅衣系列的「文戲」，《人面魚：紅衣小女孩外傳》仍然有飽滿的溫度，著墨在黑虎將軍的父子情感上，延續恐怖片中的情感操作。

莊絢維壓力當然大。當時他正進行電視電影《濁流》的後期，《濁流》是一部講述沉重社會議題的電視電影，以犯罪類型片包裝，入圍二〇一七年電視金鐘獎電視電影獎與導演獎。莊絢維明白續集的壓力，但也很清楚它相對擁有足夠資源的優勢。「一天之內，我就回覆瀚賢決定接下。」沒有想過要拍恐怖片，但對類型片熟悉的他知道這是累積實戰力的好機會。

原本在路邊投球，突然被拉到球隊

合作的初始有一陣子的蜜月期，但當進入劇本階段，對創作本身的衝突就會出現。「就好像你平常都在路邊投投籃，突然被拉進球隊，裡面有很多戰術、有隊友、有教練，有一大堆事情要消化。」莊絢維說這是一個體制外要走入體制內的適應，處理問題的方法改變了，而他也領悟：「當你不適應的時候，你會覺得那是阻力。但在找到平衡後，你會發現那個共識

很珍貴，所有人可以使出各式各樣的力量，幫助作品更好。」

這是莊絢維的第一個「正規軍」經驗，過去都是自己寫劇本自己拍，自己寫補助、投劇展。「這是第一次，有人跟你一樣看重這個案子，然後你們一起工作。」因為都很重視，所以彼此的磨合是持續的，從劇本的討論到執行，一個劇組永遠都在調頻，好在，和諧並不是創作者要追求的。「我很在意這個作品，其他人也很投入其中，在過程裡，我就會感覺到好像所有人都用全身的力量在跟我拉扯。在心態不對時，這份拉扯是阻力，但當我轉念，這些力量都是幫助。」

莊絢維曾經和監製曾瀚賢有過一次爭執，「他覺得，戲的調性好像要調整。」但莊絢維當下需要時間消化。他分析，當導演長時間浸泡在拍攝現場時，往往會往感性的秤軸傾，會沾染劇情的節奏、演員的情緒、現場的氛圍。「導演會知道太多太多事情，那個感性會從那邊來。」

相對的，不用天天杵在現場的監製或剪接師，他們可以保持中立，客觀地檢視拍出來的東西，然後給

出提醒。「有時候在現場太感性，你會忘記觀眾想要看什麼。」那一次爭執，讓兩人逐漸找到共識，互相都更能明白彼此為作品好而用力的力道。

正邪二元對立之中，還有許多灰色細節

面對續集，莊絢維當時給自己的期許是希望讓「紅衣世界」擴張，把世界觀建立起來。在創作過程中試過好幾個版本，最後決定把「虎爺」的脈絡整合進這個宇宙，讓背景立體起來。

莊絢維曾說過自己執迷於黑與白中間的「灰色地帶」，在看似正邪兩立的角色安排上，莊絢維仍深究每一個人物的細節，抓到角色迷人之處就是這種灰色地帶。「他們其實都不這麼純然的正面或反面。」即便是鬼，祂要變得面目可憎也是有過程與原因的。延續療癒系恐怖片，莊絢維在《人面魚：紅衣小女孩外傳》把玩任性的一體多面。

《人面魚：紅衣小女孩外傳》

電影

The Devil Fish

上映時間 2017. 8. 25 ｜**長度** 114 分鐘

導演 莊絢維｜**編劇** 簡士耕、許菱芳｜**監製** 曾瀚賢、陳信吉｜**製片** 廖述寧

出品方 中環國際娛樂、華映娛樂、大慕影藝、樂到家國際娛樂、華研國際音樂、秀泰國際娛樂、國賓影城、講故事有限公司、瀚草影視文化事業股份有限公司、紅衣小女孩股份有限公司

主演 徐若瑄、鄭人碩

預算 新台幣 4500 萬元｜**票房** 新台幣 7500 萬元

《麻醉風暴》，類型劇的起手式

《麻醉風暴》與《紅衣小女孩》幾乎是在同一個檔期並肩發展。開發「恐怖片」之際，曾瀚賢也企圖在劇集嘗試類型概念。

回憶那個時刻，曾瀚賢語氣收斂平穩，「我那個時候底氣很不足，就在想，我要怎麼做出和別人的作品有區隔的創作。」他開始看優良劇本，一本一本地來，一頁一頁地翻，也許就是那個一無所有的時機點，逼得他只能往人煙稀少的方向走，在那塊沙漠，賭一把，試著種出自己的花。而那塊荒地，就是「類型劇」。

面對真相的勇氣——天黑，也總有天亮的時候

二〇一五年，《麻醉風暴》在公共電視播映，一集短短五十分鐘、共六集，描寫醫療體系藏汙納垢、人性崩壞、各角色的矛盾與痛楚，逐步喚醒觀眾內心無法與社會體制抗衡的微小正義。

演員專業的角色詮釋，醫療現場的真實呈現，是《麻醉風暴》成功的關鍵。

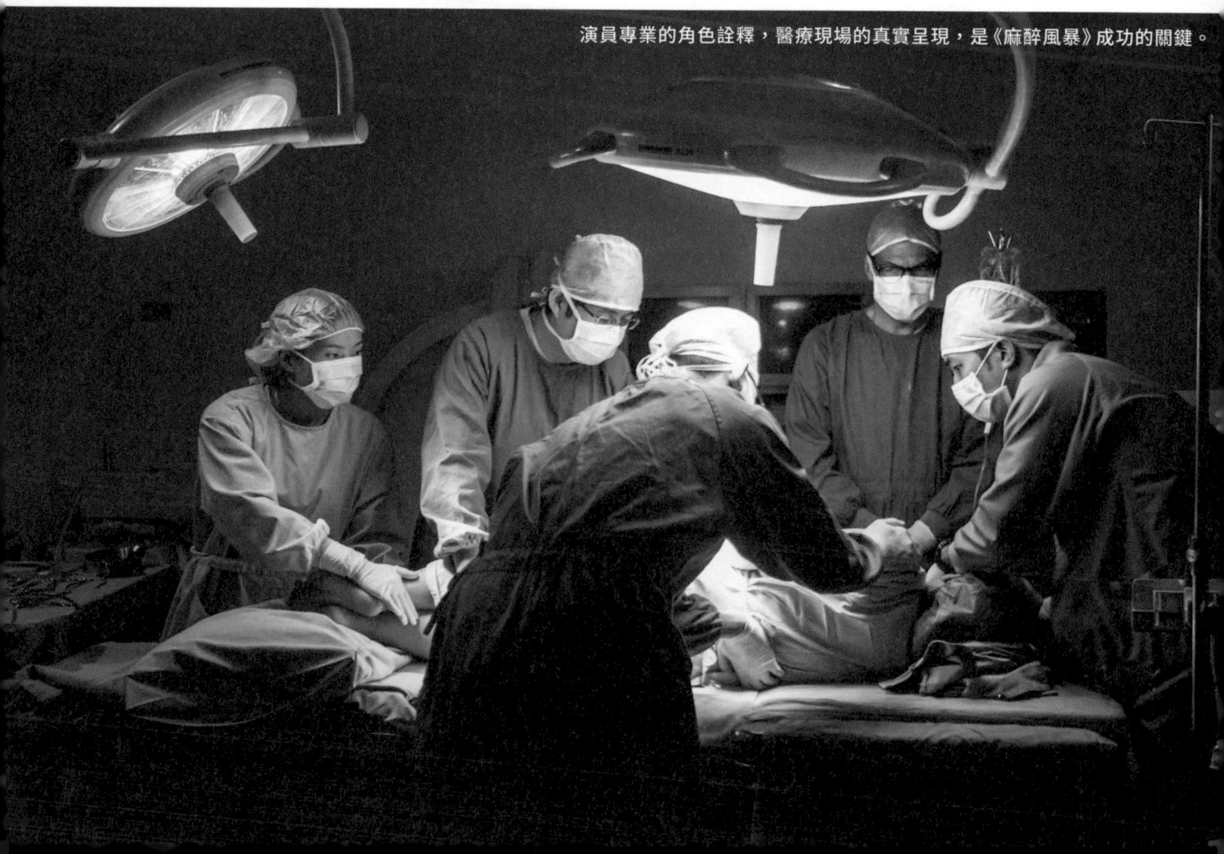

你們醫院從上到下都有問題，就好像是集體麻醉一樣，你知道嗎？

你們醫院生病了……

《麻醉風暴》以醫院為故事現場，描述一名麻醉醫師蕭政勳（黃健瑋飾）捲入醫療糾紛遭受停職，並在追查過程中，一層一層剝開醫療糾紛、醫護過勞、醫院權力結構、醫療人球等深埋於醫療體制的問題。

這齣醫療推理劇引起大量關注與討論，熱度從虛構的影視故事，一路延燒至真實世界的醫療界。在如潮的佳評中，引發諸多麻醉醫師的共鳴，認為角色與故事寫實程度超乎想像。

《麻醉風暴》在第五十屆金鐘獎，拿下迷你劇集類：最佳迷你劇集獎、最佳男配角、最佳編劇、最佳導演。

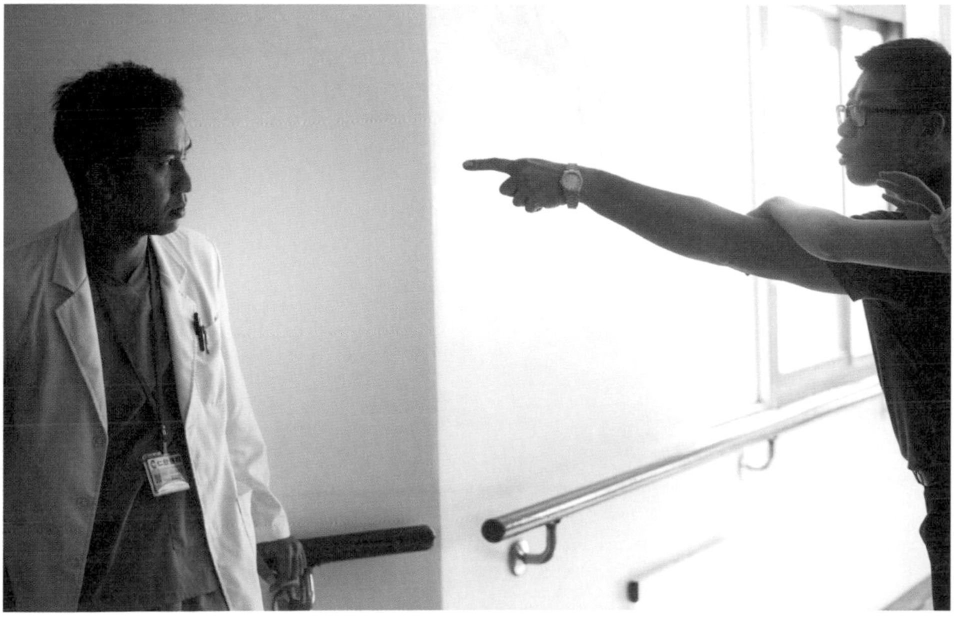

類型片演員的專業

一開始最讓觀眾驚豔的是演員的專業，ＰＴＴ上開始有人問：「有沒有演員就是醫生本人的卦……。」

麻醉科醫師蕭政勳穿著橡膠鞋的步伐快速，繞著醫院中迂迴的路線，每天在一間又一間的手術房裡，等待著他的是一台又一台準備被他麻醉的病患。

「對病患來說，我們只是穿著綠衣戴著口罩，搞不清楚長相的麻醉科醫師，麻醉就像打針抽血一樣稀鬆平常，病患不知道的是，麻醉科肩負的責任是，他們一睡，不知道能不能再醒過來的壓力。」

「現在是上午十點半，手術恢復室已經滿房，卻還有三台刀、兩場健檢，等著麻醉。日班的麻醉科醫師只有我一個，日復一日，在不同的開刀房轉來轉去，每一站停五分鐘，不停地轉，不停地轉。」

「等一下，暫停一下，二度房室傳導阻滯。」

「你要怎麼處理？」

「現在血壓、血氧和 ETCO2 都看起來數值正常，我先給 Atropine 提一下心跳。Atropine 0.5 mg。把ＴＣＰ推進來，快！」

「每一天麻醉科人員，不停地超時超量工作，將自己壓榨到極限，麻醉科醫師就像在風暴裡，拉著一條生與死的風箏線，我不斷提醒自己，再累也要清醒。」

這是《麻醉風暴》第一集開場、四分半鐘，觀眾已經知道關於這個角色最基礎的處境。專業、戲劇節奏、隱隱約約的故事線，所有劑量都剛剛好。

演員專業地詮釋醫生角色，寫實地復原醫院場景以及手術現場，都是讓觀眾投入故事的重要關鍵，馬虎不得，在二〇〇六年侯文詠編劇、蔡岳勳導演的《白色巨塔》之後，不論任何戲劇劇種，有關醫療的場景都很容易因為資源不足、思考不周而錯誤百出，總是引來罵聲連連，或各方專業的撻伐。《麻醉風暴》之所以可以產生如此逼真的專業，除了劇組大量吸收知識，也仰賴醫療顧問麻醉科主任黃英哲醫師進場把關。

編劇黃建銘架構醫療劇情後，加入另一位編劇王卉竺，會接著和黃英哲醫師討論，透過他的專業確認

吳慷仁、黃健瑋在《麻醉風暴》中，演技大爆發。

可能性與流程，同步確認醫學術語與動作，甚至是環境。在拍攝現場，黃英哲醫師親自指導演員黃健瑋操作醫療器材以及施打藥物的專業動作，更主動借給他麻醉科基礎學程的書籍。透過醫療顧問的訓練，把關專業細節，演員角色與劇組環境才一點一滴地建構出真實。

資源有限

觀眾大概難以想像《麻醉風暴》中大量的醫院場景，事實上是用六、七間醫院「拼湊」出來的。「真的很辛苦，那時候真的很辛苦。」回想起還沒做出成績前的資源匱乏，彷彿可以看到曾瀚賢擦著額角的汗，到處奔波，想方設法地生出可以拍攝的醫院場景。

當時，大眾對類型劇的認識淺薄，製片一通通電話打，每一個場地都有所擔憂而回絕。擔憂什麼呢？有別於大眾普遍認知的偶像劇，借用場地往往是讓偶像明星替那個空間添光，對場地有加成宣傳的效果，談得好還可以有更多置入的合作。但是《麻醉風暴》借醫院，則是會在醫院上演醫療疏失、官商勾結、過勞等「負面」劇情，醫院擔憂被無的放矢，影響了社會觀感。

沒辦法借到一間願意完全配合、借用的醫院，只好抓好幾間的各處角落，用好幾個深夜把劇中的那一間醫院給拼湊出來。「所以觀眾看男主角從這個走廊穿進那間病房，再進那間手術室。我們可能已經去了三間醫院。」

在後製期間，瀚草面臨行銷資源不足的窘境。「我們當時的行銷資源大概是十萬。」左思右想，公共電視決定要請當時的董事侯文詠看一下這個作品。「後來我們才知道，侯醫師當時收到我們的邀請，知道《麻醉風暴》的時候，他很緊張啊！因為大家都會以為是他拍的，要是拍不好，他不就很倒楣！」曾瀚賢笑著說，結果侯文詠一點也不覺得倒楣，他看完作品，大力讚賞，接著大方地給出行銷資源，串連各家書店、醫院，辦起巡迴講座。

偶像劇的審美疲勞，類型劇的起手式

以成果論，《麻醉風暴》叫好叫座。但在初期，它仍被質疑不是一部「商業片」、這種作品大眾「看不懂」，會不會沒有市場？「其實，是時勢帶著我們走。剛好是一個時代的轉換，大家對偶像劇有點審美疲勞了，他們正在期待一些新鮮的東西，而我們剛好做出來了。」曾瀚賢肯定地說。

「我們是第一個做的，所以會得到比較多掌聲。」

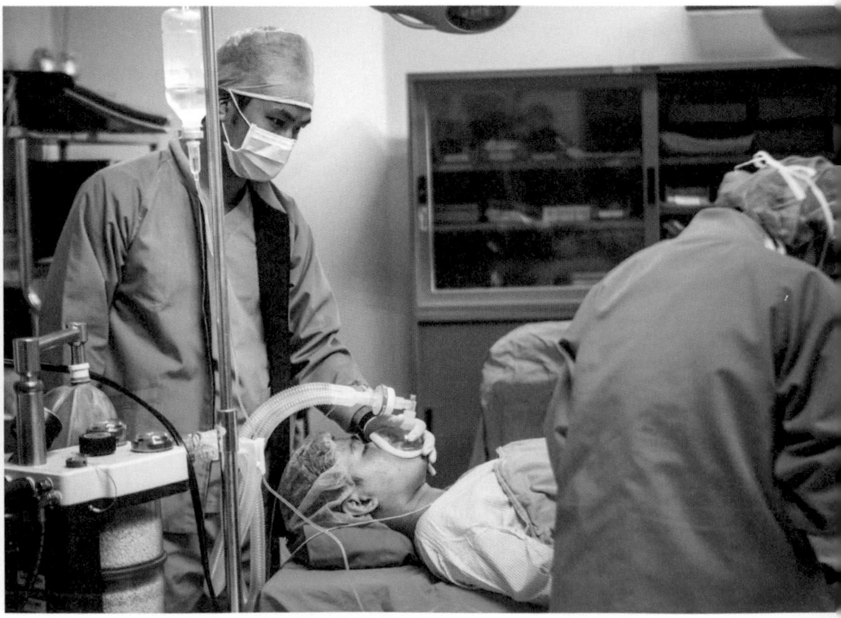

曾瀚賢並非看到潮流追上流行，而是他一直都專注在觀眾身上。常常有人擔心高知識含量的戲劇作品，會被觀眾關門拒絕，但曾瀚賢思考的是：「觀眾或許從來都沒有斷定自己想要的影視作品是簡單、還是複雜，我要挑戰的是如何讓簡單的東西增添厚度，又要有審美價值，然後再試著把複雜的東西簡單地說，但又有議題發酵。」

曾瀚賢說他不是因為想要拍「類型」而拍起類型劇，最先觸動他的從來就是故事，它想要傳達的意義是什麼？如果把它放進每個人的生活中，有沒有機會創造一些改變？

《麻醉風暴》中的關鍵角色葉建德（吳慷仁飾）表面是一名保險業務，在劇情推進下，他成為那個吹哨者，沒有被麻醉的清醒之人，在獨醒的世界裡孤身吶喊著：「變態的體制是需要被衝撞的，有衝撞才會有火花，有了火花才能引導往正確的方向去走。」似乎也呼應了瀚草影視在《麻醉風暴》資源窘迫中，捍衛專業，戰戰兢兢地完成了接近當時內心所想的作品。

「確定要做《麻醉風暴》的時候，心裡七上八下，很擔心。」公共電視戲劇組組長李淑屏直言當時那般沒有把握的處境。

「公視在和瀚草合作過《他們在畢業的前一天爆炸》之後，我知道曾瀚賢是一個有才能、有熱情，在逆境中堅持挺過來的人。但二〇一五年那個時間點，我們距離印象中上一部成功的醫療劇，實在有點遠了。」細數當時前不著村後不著店的狀況，幾乎沒有參考值可以定錨。從二〇〇二年王小棣老師執導的《大醫院小醫師》，到二〇〇六年蔡岳勳導演的《白色巨塔》，接著沉寂了將近十年，台劇沒有再出現叫好叫座的醫療職人劇。

「《麻醉風暴》是醫療劇，也是懸疑推理劇，一個混種類型的劇本，難上加難。但是公視也有一個認知，越有挑戰的事情就越值得去做。」因此，公視與瀚草站在同一陣線，一起努力攻克醫療劇的難關。

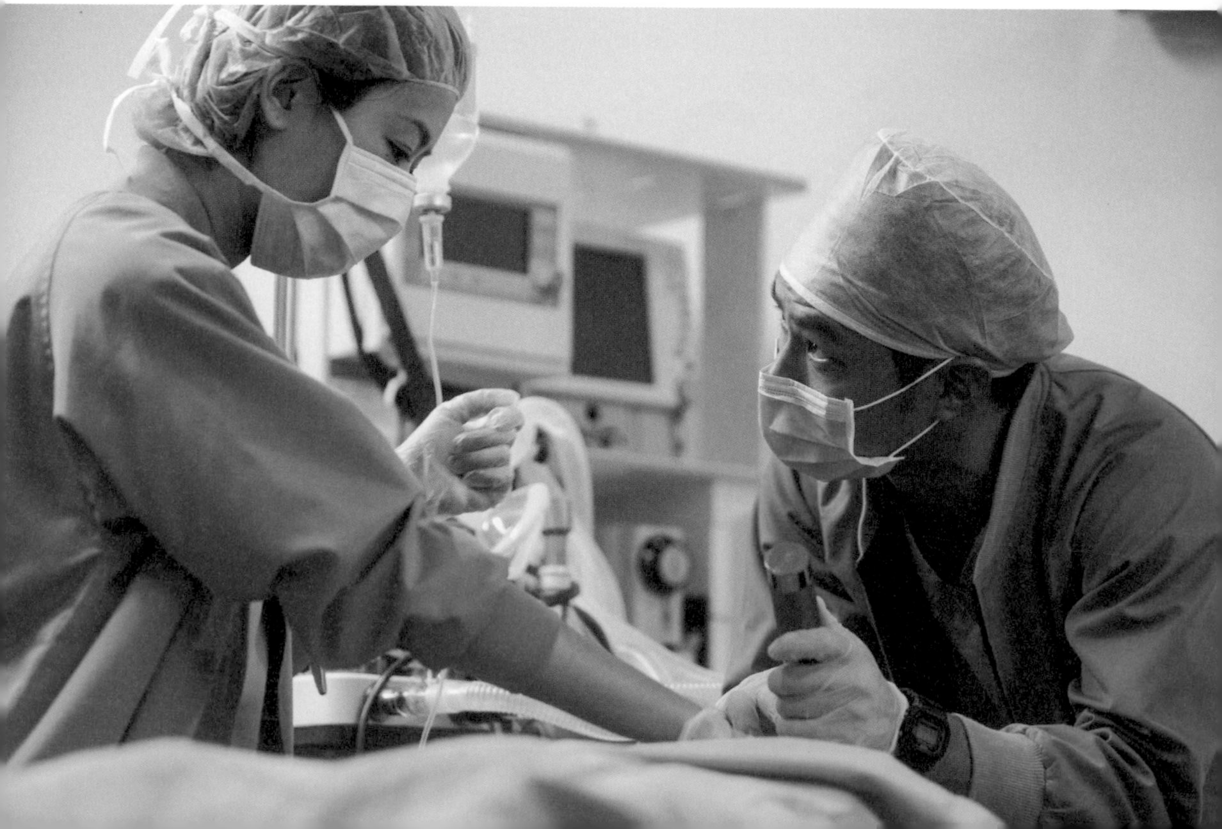

瀚草的決心

李淑屏認為這部作品在前製期，就有兩大難題：一是醫療專業，二是醫療場景，這是拍攝醫療職人劇最關鍵，也最可能被詬病的兩個面向。影集再現醫療的軟性知識、硬體設施，在在攸關醫療專業與生死議題探討，絲毫馬虎不得。

「從田調、編劇階段，就有新北市聯合醫院麻醉科主任黃英哲進駐團隊。他不是偶爾來顧問一下，更像是二十四小時貼身保鑣，捍衛這部醫療劇的脊椎——專業核心絕對不能歪掉。」儘管有醫生顧問能給予醫療專業的指導，但李淑屏原本很擔心戲劇作品要強調情節張力，勢必會做取捨調整。這當中恐怕有很多困難拉扯，但在與黃主任聊過後發現，他兼顧醫療專業和戲劇性，就像他的頭髮一樣有「彈性」。「長髮及肩、燙著捲毛又飄著濃濃文青味的黃英哲，竟然是一個戲劇咖，喜歡看日劇和動漫，好像卡通裡的人物走到醫院來！」另類的黃英哲主任陪著《麻醉風暴》從文字到影像，完美調和醫療的理性和戲劇的感性。

第一個困難化解了，第二個醫療場景的借用也著實苦了劇組。不管是利用凌晨與休診時間，或是借用好幾間醫院拼湊起來，這類醫院的外觀、走廊或診間都還借得到，但想要在執行外科手術的手術室拍戲卻是難上加難。「我記得那是在過年前夕吧，瀚賢說他要拜訪某醫院的院長，又說製片花費大把力氣詢問了很多醫院依舊借不到手術室，他始料未及，很沮喪。」製作人曾瀚賢說要親自向院長說明這是一部什麼樣的戲劇，它乘載著什麼樣的願景。最終，獲得院長支持，調度手術室提供拍攝。

瀚草的視野

《麻醉風暴》的故事原型，是編劇黃建銘獲得文化部電視劇本短篇潛力獎的作品《惡火追緝》。「瀚賢相中此故事的潛力，把它簽下來，一起發展劇本。」李淑屏認為瀚賢發掘新人也很有企圖心和慧眼，包括導演蕭力修導演也是，《麻醉風暴》是他的第一部電視劇集。「力修加入時，我確實沒有太多勾勒出這位導演的影集會長什麼模樣的參考點。」她說蕭力修以作品證明自己能駕馭醫療職人與懸疑推理的雙重難題，也將當代醫療劇提煉出嶄新的美學樣貌。

「瀚草有他的眼光，從最初定位目標、與潛力新導演及年輕創作者合作，再到嘗試商業類型，希望能做出大眾關心又同時覺得好看的戲。」她認為這是作為一位製作人重要的才能和膽識。

關於資源

「有一天，有傑（導演）在自己的臉書上說，他很驚訝《麻醉風暴》是以一集兩百萬製作費拍攝的。他認為這是錯誤示範。意思是以這麼低的製作費，卻拍攝出這樣的成果，不就意味著以後一集兩百萬的戲，都得達到這樣的品質和內容嗎？」李淑屏說她看到就回應有傑：「其實沒有一集兩百萬這麼高喔。結果他當然更崩潰！」她不是不懂影視創作者們的焦慮，也非常認同這不應該變成常態。

正因為《麻醉風暴》在資源有限的狀態下，創造出戲劇品質口碑和討論聲量，也打開大家對職人劇的想像。不論是劇種的混種創新、演員的精湛表現，再加上特別是醫療專業的肯定，《麻醉風暴》成為當年戲劇的標竿之一。李淑屏說：「因此我們很想延續這個能量，再拍續集。」

生態觀察員／演員 吳慷仁

我是受惠者

「我從沒看過這樣子的劇本。」吳慷仁回想起當時拿到《麻醉風暴》劇本時，心中落下的驚嘆。

在《麻醉風暴》之前，吳慷仁除了藝術片，也投身許多偶像劇。他坦言偶像劇的速食生態比較沒辦法貼近生活感，也因此當看到一部充滿田野調查痕跡的劇本時，他嚇了一跳，眼睛為之一亮。「人物構思的完整，非常吸引我。」

吳慷仁在《麻醉風暴》中飾演重要角色葉建德，複雜的人物設定，性格難以捉摸，是劇本中影響劇情走向的關鍵人物，也被認為是劇集中非常有魅力、最想讓觀眾追下去的角色設計。這個角色是當年吳慷仁讀完劇本後，便喊一定要拿到的作品。「這個角色就是這麼完整，我很喜歡。老實說，我一直覺得如果當時是別人演，也不會演差。因為角色夠好。」劇本夠扎

實、角色夠完整，是吳慷仁心動的原因。

「在那個時期，碰上這個劇本，可以說我是因為這部戲被大家看到，是我人生很重要的轉捩點，我很幸運。」

很棒的開頭

以往拍偶像劇可以坐在房子裡，不太需要田野調查，演員透過自己的生命經驗就可以想像、詮釋。吳慷仁說一般家庭劇、偶像劇，是有機會以自己的生命歷程作為參考，「如果要演兒子、女兒，我們都會，因為我們就是人家的兒子、女兒。我們有參考邏輯，可以照經驗、直覺去表演。」

可是職人劇不行。「職人劇，你必須要做很多訓練。」如果沒有田野調查，一名演員不可能會知道針筒要怎麼注射、手術刀要怎麼拿、急救的時候要怎麼壓胸。「不只是演員，整個劇組，都要卯起來學習，從零開始。」

「這個作品往專業發展，是很正確的選擇，讓大家看到，『原來，台灣可以往職人的方向走！』」吳慷仁強調，《麻醉風暴》中所展現的「職人」並不是皮毛而已。「觀眾看到的是一個真正的醫療過程。什麼時候你有機會看到？通常進手術室，你就是被動手術的那一個，你不會看到。」他說，從急診室到開刀房的流程，呼吸器要怎麼使用、床要怎麼推，都來自鏡頭之外嚴密的沙盤推演與練習。

時間與價值

「很有趣的一個發現，近幾年，大家回頭看《麻醉風暴》會很有感覺：『喔，原來有一部作品在五、六年前就拍出這樣的節奏跟品質。』」對他而言，這部作品的價值不是展現在播映時的熱度，而是即便在一段時間後，職人劇、類型片已經不斷被拍出來後，回頭看《麻醉風暴》仍然是一部完成度很高的作品。「你端出來的東西，背後做了多少準備，所有人都看得到。」

談到製作人，吳慷仁認為「成為創作者的底線」，是製作人最重要也最困難的角色。他觀察到曾瀚賢很樂於參與製作的各個層面。「我看過他跟別人開會，瀚賢很開放，尊重創作者的意見，但同時他也會提出疑問，甚至去hold住創作者的想像。」問吳慷仁如果不當演員，想做什麼？他說：「也許製作人是很好的挑戰啊！」

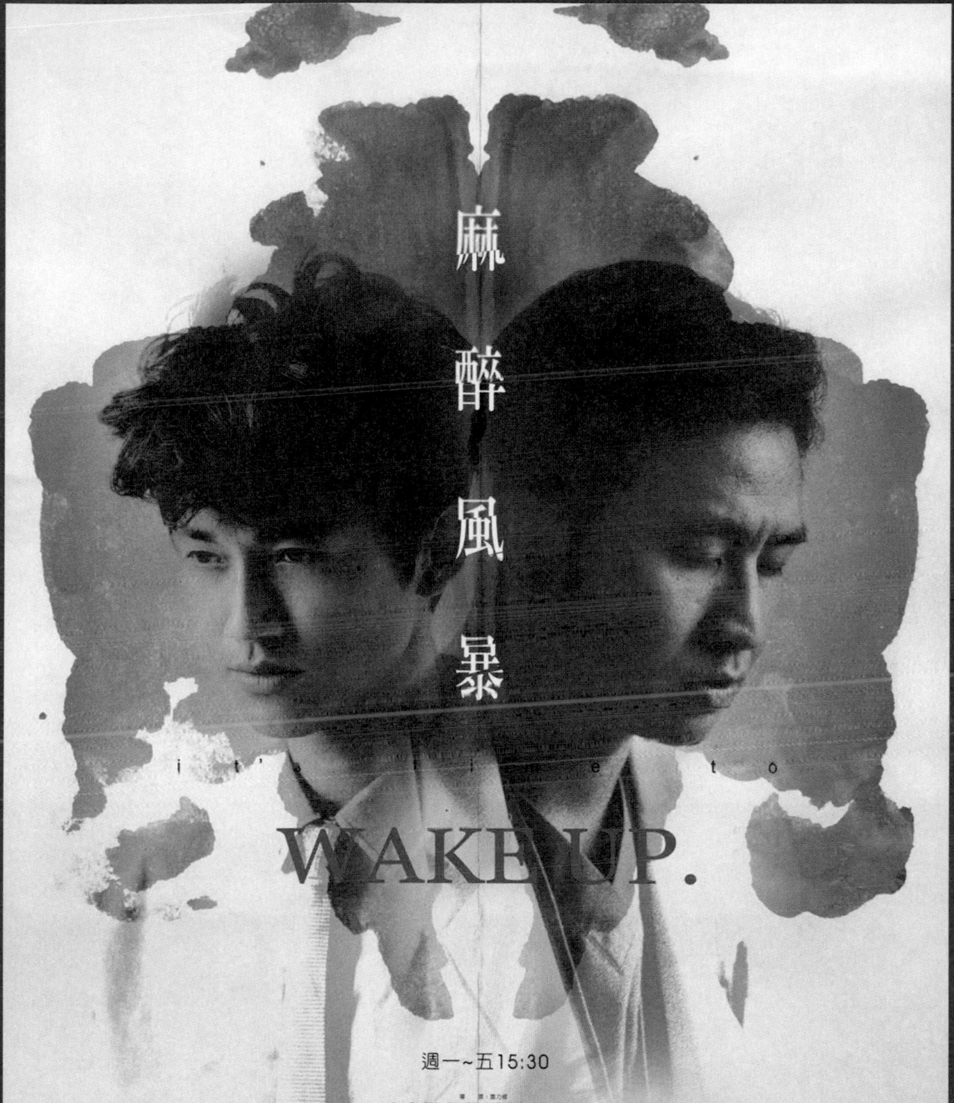

《麻醉風暴》
Wake Up

電視影集

播映時間 2015. 4. 1 – 2015. 4. 8 ｜ 6 集，每集 50-60 分鐘
原著 黃建銘《惡火追緝》｜**編劇** 黃建銘、王卉竺｜**導演** 蕭力修
製作人 曾瀚賢｜**監製** 丁曉菁｜**製作公司** 瀚草影視、公共電視
主演 黃健瑋、吳慷仁、黃仲崑、許瑋甯｜**顧問** 黃英哲、何立珊
單集預算 新台幣 190 萬元

《麻醉風暴2》，所有的第一次，迎面而來

《麻醉風暴》成功創造收視，以及與社會對話的優秀成果，在當時人才嚴重外流的時空背景，一部獲獎又有大眾支持的劇集，無疑地替影視產業打開了一絲希望。事實證明，好的故事，以及能與社會、土地對話的素材，是觀眾渴求的，原本各界所擔心的「太嚴肅、太深、怕觀眾看不懂」，並沒有發生。

當第二季的邀約出現，曾瀚賢並沒有被風光的成功沖昏，而是沉穩地思考下一個新階段，他要如何帶團隊再打一次仗？

Never Give Up!

二〇一七年《麻醉風暴2》在萬眾矚目下誕生，有光環，卡司也強。劇情從第一季蕭政勳（黃健瑋飾）、楊惟愉（許瑋甯飾）與葉建德（吳慷仁飾）等主要角色開展劇情，拉開角色的內外衝突與成長。

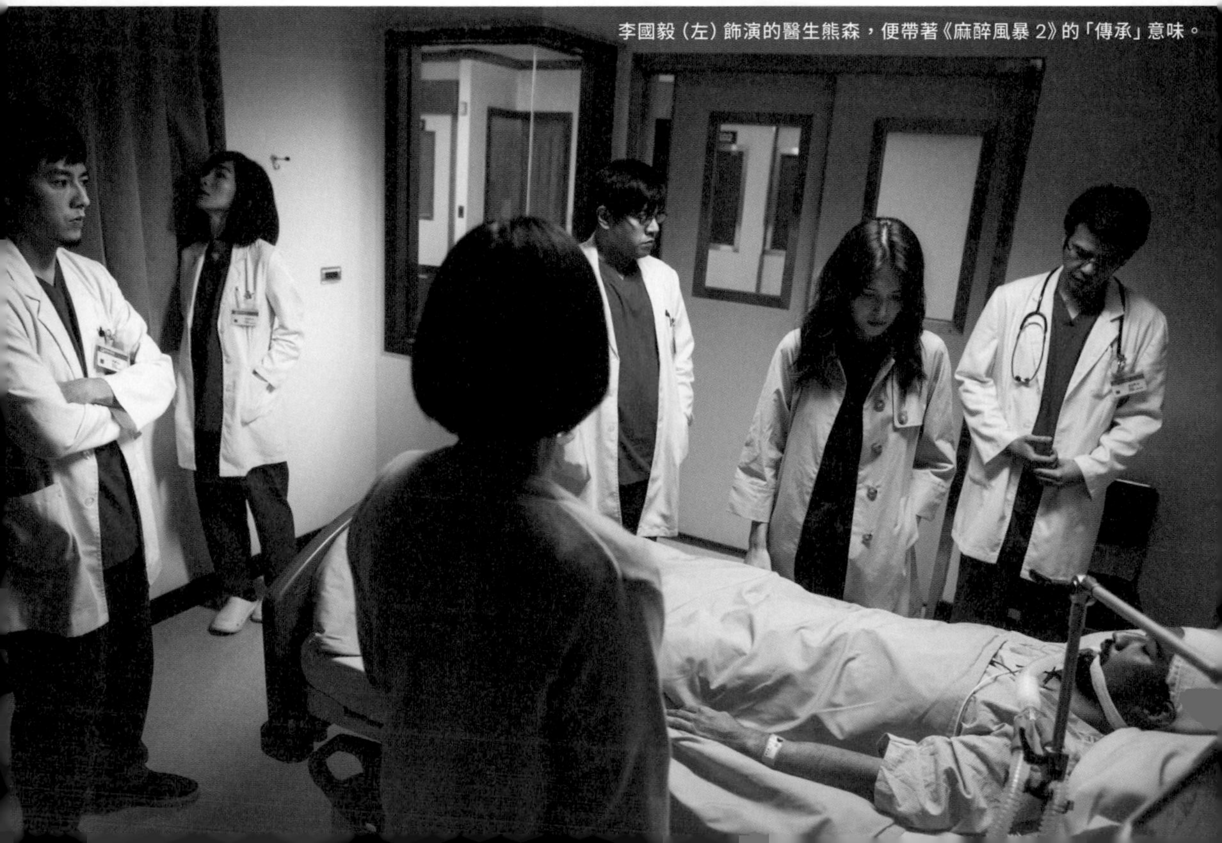

李國毅（左）飾演的醫生熊森，便帶著《麻醉風暴 2》的「傳承」意味。

新角色的加入，也明確表達了「傳承」的意味。李國毅飾演的醫生熊森，呈現年輕醫生與大體制的衝撞，以饒舌歌手增添年輕次文化的活力，「Never give up」是該劇要給年輕世代的鼓勵。

《麻醉風暴2》創下公共電視開台以來最高收視佳績，入圍第五十三屆金鐘獎共十項提名，包括戲劇節目獎、戲劇節目男主角獎、戲劇節目女主角獎、戲劇節目編劇獎、戲劇節目導演獎等。劇中真實的手術細節、捷運站的爆破場景，以及遠赴約旦取景的戰地畫面，在在突破台灣戲劇節目的拍攝規模。

眾多的第一次——合資、續集、長劇集

在與公視合作《麻醉風暴》的時候，單集預算是一百九十萬元，曾瀚賢說整個劇組是緊迫到不行。為了避免狀況再次發生，他想到一個辦法。「我想要嘗試把電影籌資的方式，運用於電視劇。」因此，曾瀚賢當時向公視開出條件，除非他們允諾合資，否則在現有的經費下，《麻醉風暴2》不會開拍。

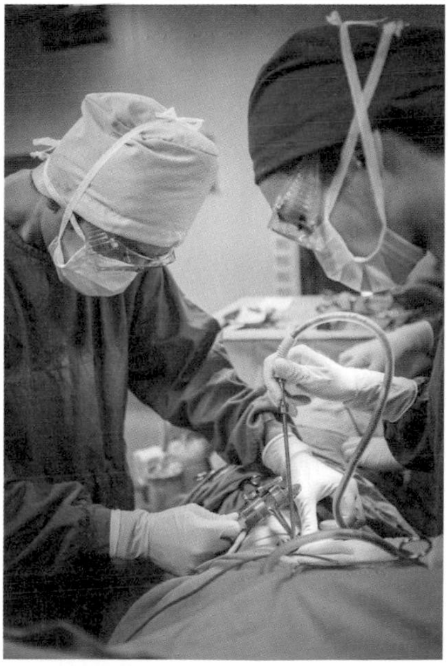

《麻醉風暴2》成為公視開台以來首部非由公視購片，或單一出資的作品，並就此打開未來戲劇與公視合作的更多可能性。有了更高的單集預算、拉高單集近六百萬的規格，但曾瀚賢形容整體製作狀況是：「船一直開，一直撞上去。」依然有挑戰。

不夠安穩的劇本

《麻醉風暴》從電影優良劇本改編成六集的迷你劇集，《麻醉風暴2》則發展成十三集長劇集。這樣的長劇集是瀚草的第一次。曾瀚賢坦言，那時劇本確實不夠安穩，也因此後續產生了許多問題。

第一季獲得好評，第二季卻找不到編劇。「寫這個太累了，那時候大部分的編劇還是習慣熟悉的偶像劇題材，資源也比較豐富。」處理類型片的延續，人物角色的內外推進很不容易，燒腦、費時，又必須投入大量的時間處理與學習醫療專業。但也因為找不到編劇的窘境，催生出「英雄旅程股份有限公司」，一間專門做故事開發的公司。曾瀚賢一再提醒自己，回到故

事本身，掌握故事才是作品的根本。

《麻醉風暴2》在初步劇本討論時，原本動過念頭，希望從零開始長出一個全新的故事、全新的角色。但公視堅持，觀眾就是想要看原班人馬再次出現，湯昇榮也認為《麻醉風暴》的角色建立非常成功，角色確實會是觀眾買單續集的關鍵。決定了以原班人馬擴充故事，《麻醉風暴2》也想帶觀眾看不同的視野，因此納入無國界醫生、爆破以及饒舌歌手等突破與年輕世代文化。

湯昇榮說當時除了劇情推展很卡關，有更多關於專業技術的邏輯要處理。「所有人都有意見，所有意見都在打架，可是時間跟預算都訂在那裡了，超出就超出了，真的是身心煎熬。」當所有人對續集的想像都不同，一個劇本真的很難滿足所有人，又加上時間檔期的壓力，便在劇本尚未安穩時，硬著頭皮開拍。

《麻醉風暴 2》打開戲劇與公共電視合作的更多可能性。

長劇集初體驗

雖然不是湯昇榮第一次執行長劇集的拍攝，《麻醉風暴2》在時間、空間上有處理不完的調度，整個團隊都在摸索長時間的拍攝經驗，要如何掌握「長邏輯」。湯昇榮回憶當時全劇組扛壓力扛得實在很艱辛。「我們最緊急的時候拆成三組拍攝，演員檔期的時間壓力、場地時段的壓力，每天都拚命拍還是拍不完，時間就往後甩，一甩就是一大筆錢在燒。」湯昇榮一跳進瀚草影視，最先看到的就是美劇類型的複雜結構。「真的太多東西要釐清了！我每個細節都跟上去，以前做新聞有扛過這種壓力。」

但曾瀚賢笑說：「其實我那時候覺得，我可能過不了這關了。夥伴真的很重要，湯哥那時候每天都跟我說：『你一定要穩住』。給我正面能量。」曾瀚賢的難關在於事情不斷地變化，一個問題還沒處理完，下一個問題又追上來，好似沒有結束的一天。「我們當時在管理方法上確實沒那麼成熟，後來湯哥把平台的方法帶進來，我們才慢慢學，慢慢變好一點。」

約旦經驗的省思

在拍攝期間，劇組為了搶時間兵分多路，七成的內容都在高雄拍攝，奔波南北。為了完成劇本中無國界醫生在戰地行醫的拍攝，劇組遠赴約旦取景拍攝。

這是台灣電視劇的先例，前往約旦的米底巴和薩爾特教區，踏入境內最大的難民營扎塔利取景。國外拍攝資源的掌握相對困難，從場景、臨演道具到劇組的生活起居，都必須更精細地計算，減少意外發生。

當全體劇組還在台灣奔波拍攝時，劇組就先遣一小隊至約旦打點需求，找資源、找醫療人員、找器材，並

與全體劇組每天跨海線上開會。

正式在約旦拍攝的時間僅有短短四天，分秒必爭，行程緊湊，劇組每天都是早上四點起床，花一小時通車抵達拍攝點，六點準時上工。湯昇榮說當時每一天都在算時間，時間壓力下所有人的神經都相當緊繃。

最後一天要拍攝相當重要的爆破場景，而爆炸只有一次機會。「結果那天我們四點起床時都傻眼了，外面竟然在下大雨。」到了拍攝現場，不見雨停的跡象。導演當機立斷，把爆炸場景搬到室內。「結果室內效果更好！這是我們沒有預期到的。」

湯昇榮反省，不僅是在約旦的特效場景，《麻醉風暴2》全劇有大量特效拍攝，但最初在落劇本時並沒有更精準思考。「這是我最大的檢討，寫劇本時就應該要理解特效怎麼安排。」此後，瀚草影視學習更密切地與特效團隊溝通，在劇本開發時期就把特效團隊拉進來擔任顧問角色。「技術問題解決，藝術就有更多呈現的可能性，這對引領觀眾進入故事的世界會很有幫助，可以更貼近故事！」

《麻醉風暴2》種種第一次替台灣影視產業打開許多可能性，瀚草也從中吸收養分，再接再厲。就像曾瀚賢很喜歡的那句話：「不能想著贏，要想著不要輸。」瀚草影視想著的從來都不是要得獎、要紅、要一口氣賺滿，要如何接續下去，一次比一次更有底氣才是他們真正想做的。

《麻醉風暴 2》首開台灣電視劇先例，前往約旦取景。

拍續集的關鍵

「想看吳慷仁穿醫師袍。」是公共電視以大數據回收觀眾評論時出現多次的反饋，但是要促成《麻醉風暴2》的拍攝，公共電視有更多的考量。

李淑屏舉出幾點評估，第一個是《麻醉風暴》確實創造出很大的迴響與能量，第二是劇本故事還有可以延伸的空間，醫療的議題以及懸疑推理的結構都有再續的可能。最後，是角色的塑造成功，觀眾想看到原班人馬接下來會如何，證明了角色與觀眾產生的情感連結足夠強烈到激起觀眾「還想要看到更多」的慾望。

而在首季播完後，瀚草影視也收到許多邀約，有的單位想洽談拍續集，也有海外單位希望瀚草再去發展其他的醫療劇。「那個時間點，剛好公視有一筆大約兩千多萬元的預算，討論後就決定問瀚草有沒有續製《麻醉風暴2》的可能。那時候我打給瀚賢，本以為他會很開心聽到這個邀約，結果沒有。」

她說曾瀚賢非常理智，清楚地表達他不想複製過去的經驗。「我認為這也是瀚草一個鮮明的特色：不重複以前做過的事。」如果要拍續集，就應該要突破，展開不一樣的格局。

「面對第二季，瀚賢會衡量自己懷有多少企圖目標、需要多少資源能運作這些目標？接著才能決定要不要做這件事。」而不是單純複製過去第一季的模式。

但很實際的是，公共電視過去一直是擔任平台的角色，並沒有能力增加資源，而在這筆固定的金額之下，他們都知道想要達到曾瀚賢的企圖心依舊有一段距離。

拋棄代工廠的角色

「瀚賢決定尋找共同合製的資金，初步詢問後，他發現確實有其他的投資者願意合作。瀚賢把球拋回公視，也就是如果公視不接受這個合資方法，那麼就不會有《麻醉風暴2》。」回想起當時的狀況，李淑屏說自己非常興奮。「過去公視的戲劇都是電視台全額出資，並委託團隊製作，面對一個全新的條件，要同意有合資方促成一個規格更大、更具野心且更有格局的第二季，瀚賢當時想得很透徹，要傷腦筋的是公共電視，而接受這個條件的背後是頭破血流的過程。」

在一間有規模制度的公司要立刻得到「做改變」的回應，背後有固定的繁文縟節以及溝通不完的程序，更不用說其中一項是經費模式的改變。對行政端而言，從思考角度到執行法規都要調整：「版權收入要分別人？怎麼分？若有好幾間投資者，公視的對口是誰？」種種隨改變而出的疑問無疑在公共電視跨部門造成攪動漣漪。

「合資」在商業市場是常態，特別是電影，一定需要許多股東一起籌資一部作品，但這樣的做法在當時的「電視劇」市場環境還不常見，依舊大致都由電視台獨立出資。「商業電視台有廣告，能以置入提高收益。但公視使用的是政府預算，是在預算之內編列戲劇預算，並公開徵求或邀請製作公司執行。公視的性質屬於非商業電視台，也不容易創造商業收入。不諱言，這樣的情況確實會讓製作公司變成一間代工廠。」

李淑屏認為，曾瀚賢一定也覺察了這樣的狀態會使製作公司無法盡全力發揮，因為一部作品的後端所有權利都在公視身上。但是透過合資，製作公司也有機會成為更有話語權的股東之一，能共同決定作品未來的方向，共享戲劇的收益。

「公視在內部打仗之後，答應了。現在回頭看是很好的改變。在那之後，我們訂定了合資、增資辦法，將它制度化。但在當時確實是一個非常衝撞的提案。」

屋漏偏逢連夜雨的拍攝現場

也因為野心變大，困難度也跟著提高，李淑屏明白續集會有續集的挑戰。例如角色變多，光是要統整所有演員能拍攝的檔期，就成為《麻醉風暴2》拍攝時的第一個痛點。

而更遺憾的則是因為檔期安排、義大醫院的借期，沒辦法等劇本完整後再進行拍攝，落入邊寫邊拍的狀態。拍攝場地也是另一個壓力來源，第一季所有醫院的場景是靠六、七間醫院拼湊起來，「但第二季是一部十三集規格的連續劇，手術與醫院的場景都會更多，不可能再度東奔西跑地尋找不同醫院拼湊拍攝。」不過，關鍵之一的幸運之神降臨。當時義大醫院有一處尚未啟用的癌症治療中心但內裝已完成，劇組談定把這個空間改裝成《麻醉風暴2》的創傷急救中心和辦公室。但是如此也必然成為另一個時間壓力，「醫院恢復啟用的時間點就壓在那裡，我們的拍攝一絲一毫都沒得延後。」

「很不幸地，少有風災的高雄竟然來了一個劇烈的颱風，原本計畫拍攝因爆炸意外出現大量傷患後送救治的戲，就在上百位工作人員、大量醫護、臨演、特效特化就位之時，颱風警報發布，停班停課，當然戲也停拍。」可以想見，並非颱風過境就能

走出去，才能開始思考台劇國際化。

開拍，再度召集錯綜複雜的調動既困難且費工，一次表訂的取消也讓大筆現金付諸流水。另一處在西子灣的搭景也遭颱風吹壞。「幾次突發事件消滅了可觀的成本，預算極度緊張。所以，最後前往約旦拍攝的天數不得已下修。」

「其實那個時候，瀚賢曾有放棄約旦拍攝的念頭。」她說「無國界醫生」是早在第一季瀚賢與湯哥就思考過的元素，他們在和無國界醫生訪談後都明白，重塑蕭醫生如此的背景能增添該角色的厚度與情感，也能擴充不同的視野。「所以，瀚草在盤算經費和實際執行之間尋求平衡，希望實踐此企圖。」

傳承

傳承，是《麻醉風暴2》結構的基本設定，新的角色、年輕的醫生在不一樣世代面對不一樣的難題。李淑屏觀察，瀚草影視也不斷地進行傳承，無論是故事延續、類型劇經驗，或是合作導演及演員的傳承，「《麻醉風暴2》也讓醫療劇歷經了一次很好的傳承，擴大格局和視野、帶動影視產業技術升級，並以版權銷售讓合資者達到回收，整體是一趟艱難的試煉和經驗。」從《麻醉風暴》第一季到第二季，也展現了戲劇創作從Wake Up（清醒），到Never Give Up（永不放棄）的挑戰精神。」

SPORT JEANS

《麻醉風暴 2》

Wake Up 2

電視影集

播映時間 2017. 9. 9 — 2017. 10. 28 | 13 集，每集 50-60 分鐘

編劇 王卉竺、林根禕、蕭力修、黃雨佳、陳承佑、黃健瑋 | **導演** 蕭力修、洪伯豪、林志儒

主演 黃健瑋、許瑋甯、李國毅、孟耿如、許時豪、吳慷仁 | **監製** 於蓓華、馬天宗、蕭力修

製作公司 瀚草影視、公共電視 | **製作人** 湯昇豪、曾瀚賢 | **單集預算** 新台幣 600 萬元

出品方 財團法人公共電視文化事業基金會、大慕影藝國際事業有限公司、KKTV 科科電速股份有限公司、大清華傳媒股份有限公司、台北影業股份有限公司、華研國際音樂股份有限公司、大演製作股份有限公司、瀚草影視文化事業股份有限公司

《川流之島》，試問情是何物的社會議題片

電視電影《川流之島》於二〇一六年四月首播，劇情描述面臨失業的國道收費員（尹馨飾）遇到南北往來的台客貨車司機（鄭人碩飾）兩人的相遇相識，還有在環境壓迫之中和兒子超人（陳鼎中）少不更事引發的問題下，如何在錢關、情關的嚴峻考驗中生存。

由導演詹京霖執導、編劇，趙珮安擔任製作人，入圍第五十四屆金馬獎最佳女主角、最佳新導演兩項，並獲得二〇一七年台北電影獎最佳女主角，獲第五十一屆金鐘獎迷你劇集獎、迷你劇集女主角獎、迷你劇集新進演員獎、迷你劇集導演獎、迷你劇集編劇獎。

深根。開枝

再相遇，我們想的是一百年之後

二〇一七年，湯昇榮登陸瀚草影視任職總經理。剛開始，曾瀚賢邀請他來運作「英雄旅程股份有限公司」，希望他掌管最核心的故事開發。經驗老道的湯昇榮卻不僅僅參與故事開發，他發揮一人分飾多角的超能力，身體力行地加入製作的每一個環節，並且拋出一個個關鍵問題，將瀚草影視推往更長遠的遠方。

湯昇榮說：「我很清楚，我要把公司的運轉模式架構出來。」那時，瀚草影視已經拍出《他們在畢業的前一天爆炸》、《麻醉風暴》與《紅衣小女孩》，製作能力和口碑都在業界與觀眾眼中蒸蒸日上，漸漸贏得信賴。但那個時刻也是《麻醉風暴》與《紅衣小女孩》正在挑戰續集的時刻。團隊的焦頭爛額，湯昇榮不僅是看在眼裡，也跟著往裡頭跳去。「我跟進《麻醉風暴2》裡，談醫院、談資源，拍片現場我都在。」

湯昇榮一邊投入拍攝，一邊專注思考，他思考如何讓這間公司的運作更穩定，要人才定下來，要所有人都對這間公司「肯定」，而那份肯定並不是談

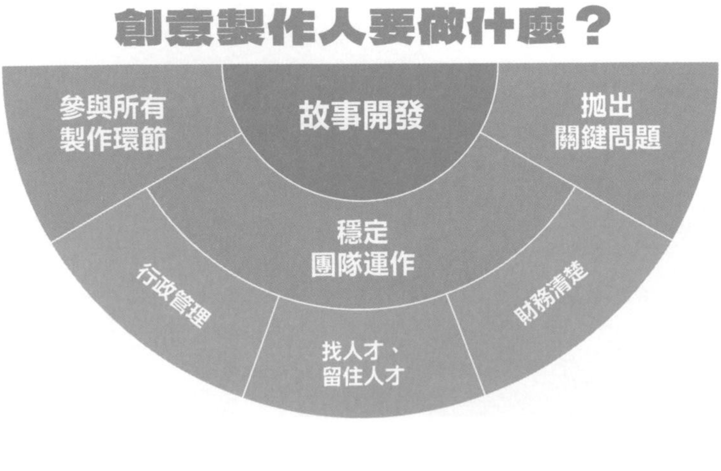
創意製作人要做什麼？
參與所有製作環節
故事開發
拋出關鍵問題
穩定團隊運作
行政管理
找人才、留住人才
財務清楚

公司要做出多偉大的事，讓大家仰頭讚嘆好成績，而是要公司可以無後顧之憂地往前追求；讓行政管理清楚、財務清楚，是湯昇榮認為追求永續的必經之路。

「你要做五十年？還是一百年？」湯昇榮憶及他在一次會議上，劈頭就朝曾瀚賢丟出這個問題。「我在辦公室提問時，大家都很安靜。我還在心裡想，難道是我想太多了嗎？」過去工作經驗累積使然，湯昇榮認為訂好目標，才能一步步往對的方向前進，順著這條路走，心中也就會有肯定感，永續才會真正發生。「所謂的『未來』不是一件空的事情，你要策勵自己一步一步往那裡走，未來才會來啊！」

湯昇榮說不管做什麼工作，他都會問自己：「這件事情我到底要做多久？」他說這個提問的習慣，源自於在大愛電視台的學習。九二一大地震時，他跟著記錄災情與災後的重建，親耳聽見證嚴法師向重建房舍的建築師問道：「我們蓋的房子可以用到一千年嗎？」湯昇榮說他當下非常震撼。

「他能想到一千年，那我在想什麼？」

曾瀚賢也沒有忘記湯昇榮的這個提問，但他回答得很保守：「我說，就是一直做下去啊！」曾瀚賢是務實的金牛座，「我很容易糾結，我需要時間。」但湯昇榮是浪漫的雙魚座，他說自己來得很是時候：「我剛好來天馬行空，亂來！」

過去在大愛電視台，湯昇榮是曾瀚賢的老闆，來到瀚草，兩人職階調換。湯昇榮坦言自己花了一點時間適應，但他很清楚知道彼此的目標。不久兩人便培養出默契，成為「隨時互相補位」的拍檔。

曾瀚賢說自己雖然比湯昇榮年輕，可是湯昇榮的開創性，以及對市場的敏感度完全超過他。「他可以持續不斷把觸角延伸到很多地方。這方面我比較慢，我總是在想穩固，湯哥則在思考推展。」這是他們互補的最佳狀態。因此，湯昇榮大膽地把在電視台工作的經驗輸入瀚草，開啟平台的思維。

於是，瀚草在同一個時間開發不同的工作項目，展開子團隊，甚至子品牌，擴充團隊縱向發展、橫向連結的能力，讓一年不只可以有一部作品，團隊可以同一個時間有效地發展不同作品的不同階段。湯昇榮說他來到瀚草時就很明白，經營製作公司不能只想要把內容做好，「只想要做內容，不可能在影視產業翻騰的潮流中占到位置。我從平台的觀念走到這裡，製作公司要更全面地思考。」這個轉變不是一瞬間能夠企及，是必須沉住氣，一天一天慢慢累積。

「瀚賢還沒有小孩的時候，我很常開車載瀚賢回家，停在他家門口，熄了火，我們就開始談這些事。」夜深了，曾瀚賢沒下車，湯昇榮也不開車，好幾次差點談到天亮。

曾瀚賢說：「一個公司，要真的到一百年、一千年可能不容易，但作品是有機會做到的。」曾瀚賢說這句話的緩慢與肯定，讓人有種科幻的既視感，好像腦海中閃過某個真實的畫面，在一百年後、一千年後，還是會有電影。

只要還有人類，人們就會不停歇地想像與創造，想像會透過故事呈現，而人類會朝那個故事一步一步邁進。就像湯昇榮五十年或一百年的想像，就像曾瀚賢肯定好的作品可以流傳一百年、一千年，故事就會從此發芽，繼續說下去。

故事永遠是核心——英雄旅程股份有限公司

劇本，一直都是影視作品的原型，一個好故事，是每個製作團隊的最高渴求。但劇本往往也是最困難、最容易導致作品失敗的原罪。湯昇榮表示所有人都知道劇本很重要，但有多少製作願意真心花時間與經費養好一個故事？

就在「好劇本可遇不可求」的常態持續多年之後，曾瀚賢決心不能再這樣下去了。在《麻醉風暴2》找不到編劇的慘況之後，他決定要成立「英雄旅程股份有限公司」。

英雄旅程

「英雄旅程」（Hero's journey）是比較神話中產生的一組模式：角色接受召喚，踏上冒險旅程，這個角色會在危機中贏得勝利、昇華自我或帶著禮物回到原本的世界。這一組公式被廣泛運用在戲劇結構中，

瀚草如何為編劇、故事開路？

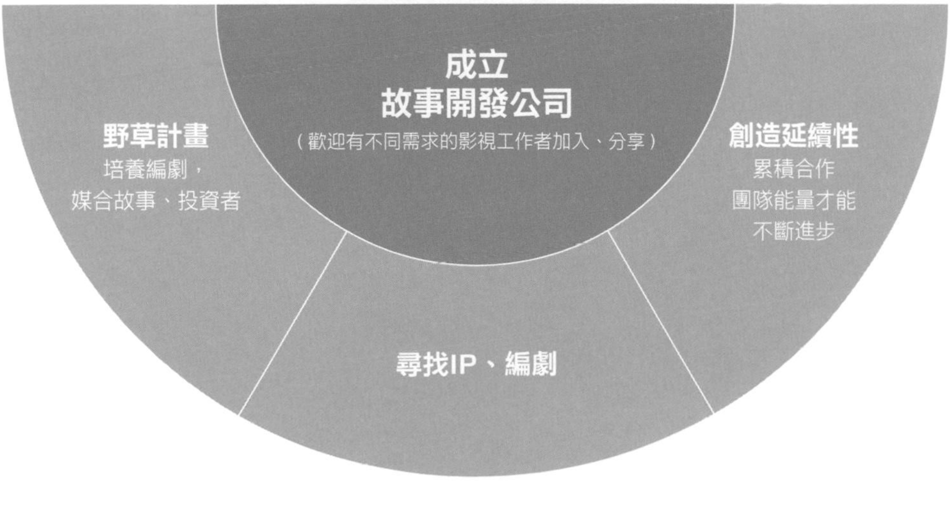

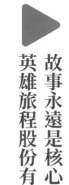

在電影、動畫等流行文化裡十分常見。

起始於二十世紀的英雄神話敘事研究，一百多年後仍在「說故事」上占有很高的指引效用，繼續引導說故事的人們創作出滿足人心、撫慰社會的作品。

曾瀚賢以「英雄旅程」作為公司名稱，可以想見他對於故事開發的飢渴與盼望。

故事開發公司

曾瀚賢回憶，早期編劇工作未進入產業化的工作方法，不是導演身兼編劇，就是找現成的優良劇本，根本沒有經費與觀念做故事開發。

瀚草在拍完《麻醉風暴》兩部系列劇集，以及《紅衣小女孩》系列三部曲之後，累積了很好的聲量與成績，但曾瀚賢坦言，在劇本這一塊還是有所缺失，如果可以有足夠的人才，更早醞釀定案，那麼製作過程可以更加精準。尤其回憶《麻醉風暴2》找不到編劇的困境時，曾瀚賢不願重蹈覆轍，他決定要建立系統、成立故事開發公司。「在當時，我們算是唯一，但短短

野草計畫活動展演

幾年，故事開發這個工作或部門，其他製作公司也都有了！」他非常樂見整個影視產業發現缺乏，願意面對。

同一年，成立紅衣小女孩股份有限公司，曾瀚賢找同一群股東，告訴他們成立一間故事開發公司對製作公司來說絕對是利大於弊。ㄉ一個故事開發公司，可以大量尋找IP，尋求編劇的合作，不只提供瀚草影視在製作上的需求，也開發多元的故事，提供給其他夥伴。「不同專業需求的股東進來，各取所好，滿足故事需求，同時進場開發。」如此編劇有飯吃，製作單位有故事可以拍，何樂而不為？

英雄旅程第一個買下的IP是《第四名被害者》，爾後成為第一個被Netflix簽下續季的刑偵懸疑影集《誰是被害者》，成果亮眼。

野草計畫開發編劇潛能，也輔導編劇與投資方媒合。

故事開發公司英雄旅程歷屆活動

日期	活動名稱	性質	講師／貴賓	活動人數
2017.7	【劇本開發診斷活動】編劇深度解密：從文字到影像	編劇講座	Jose Silerio、張家魯、白一驄、黃志明、簡士耕、陳世杰、吳洛纓	講師人數：7人 報名人數：513人 學員人數：211人
2018.7	【劇本開發診斷活動】編劇深度解密：從國際對話看影視劇本創作	編劇講座	Jose Silerio 、 Joe Auguilar、申東益、史晨贇、文隽、徐譽庭、簡士耕、郭上維、曾瀚賢、程偉豪	講師人數：10人 報名人次：604人 學員人次：338人
2019.7-8	【劇本開發診斷活動】電影劇本的溫潤調理	編劇講座 工作坊	查揚諾布普拉寇、班莊比辛達拿剛、黃勁輝、陳舒、何昕明、馬自明、袁瓊瓊、于尚民	講師人數：8人 報名人次：624人 學員人次：462人
2021.11	【劇本開發診斷活動】劇本的市場開發攻略	編劇講座	班莊比辛達拿剛、魯庭暉、陳劭怡、莊啟祥、徐毓良、湯昇榮、陳郁佳、金百倫、殷振豪、程偉豪、萩原崇、潘嘉日靈、元東淵、曹瑞原、楊智麟、陳鴻元、詹于珊、王加安、何昕明	講師人數：19人 報名人次：1522人 學員人次：712人
2018.7-9	【107電影人才培訓】從菜鳥到天菜：2018編劇人才的成長旅程	編劇講座課程＋提案工作坊	齊錫麟、楊青青、楊宛儒、王國光、于尚民、黃雨佳、湯昇榮、郭上維、馬天宗、王師、蔡妃喬、林曉蓓	講師人數：12人 學員人數：80人
2019.10-11	【108電影人才培訓】星空航海時代：時代變化下的製片角色	論壇 課程講座	陳南宏、馬君慈、林昱伶、曾瀚賢、湯昇榮、劉于遜、陳劭怡、李芃君、徐秋華（主持）、陳信吉、陳姿蓉、徐國倫、林逸心、徐嘉聆、吳明憲、邱明慧、陳鴻元、湯昇榮（主持）	講師人數（含主持人）：18人 學員人次：401人
2020.9	【109電影人才培訓】用影像說故事—剪接師的類型片練功房	課程講座	李念修、蘇珮儀、李棟全、施博瀚、吳芃霖、李亞梅	講師人數：6 學員人數：351
110.9-10	【110電影人才培訓】新類型叢林的影視工作忍術活動	課程講座	連奕琦、梁舒婷、郝芳葳、黃河、詹淳皓、吳芮甄、郝柏翔、莊啟祥	講師人數：8 學員人數：129

日期	活動名稱	性質	講師／貴賓	活動人數
2018.9	第一屆野草計畫：亞洲影視交流座談會	編劇講座	楊宇碩（韓） 陳舒（中） 程偉豪（台）	講師人數：3人 學員人數：138人
2018.9	第一屆野草計畫：編導新秀創意戰	故事徵件競賽	平台評審及評審代表列表【CHCCO TV】內容長 張庭翡 【KKTV】內容長 楊志光 【八大電視台】企劃副理 辛舒蓓 【大慕影藝】總經理 林昆伶 【中環娛樂】總經理 吳明憲 【秀泰國際娛樂】 總經理 廖偉銘 【華映娛樂】總經理 梁宏志 【樂到家國際娛樂】總經理 郝柏翔 【聯聯看娛樂】總經理 俞白倫 【瀚草影視】總經理 湯昇榮 【英雄旅程】創辦人 曾瀚賢	平台評審家數：11家 總徵件數：292件 入圍數：15件 評審團首獎：1件 平台特別獎：9件
		得獎名單	最佳創意故事首獎：賴竹良《關於我和鬼變成家人的那件事》 CHOCO TV獎：楊子逸《除靈先生》 KKTV獎：包容任《11》 八大電視獎：江麗貞《花花里長出任務》 大慕影藝獎：唐福睿《童話世界》 中環娛樂獎：蘇汶潔《晚餐》 秀泰娛樂獎：陳建佑《明日之星女子樂團》 華映娛樂獎：吳奕均／蔡佳佳《觀陰嬤》 樂到家娛樂獎：吳奕均／蔡佳純《觀陰嬤》 聯聯看娛樂獎：鍾維恒《生命饕客》	

日期	活動名稱	性質	講師／貴賓	活動人數
2020.10	第二屆野草計劃：亞洲影視交流座談會	編劇講座	林書宇、黃雨佳、劉予遜，主持人：湯昇榮	講師人數：3人 學員人數：160人
2020.10	第二屆野草計畫：編導新秀創意戰	故事徵件競賽	平台評審及評審代表列表 【八大電視】版權戲劇部企劃組副理 辛舒蓓 【可米傳媒】總監陳幼英 【myVideo】數位媒體處 副處長 邵珮如 【LINE TV】執行長 陳立人 【百聿數碼】後期製作總監 李志緯 【伯樂影業】總監 徐玉芬 【良人行影業】創作長 張森和 【七十六号原子】 內容長 楊志光 【東森電視】節目事業部自製節目中心 總監 賴秀貞 【眾合千澄】台灣代表 林怡臻 【黑劍】協理 王金雯 【台視】董事長特助 Scott Huang 【樂到家國際娛樂】總經理 郝柏翔 【歐銻銻娛樂】戲劇總監 廖健行 【TVBS】娛樂節目部戲劇製作中心監製 陳慧郁 【瀚草影視】總經理 湯昇榮 【英雄旅程】創辦人 曾瀚賢	平台評審家數：17家 總徵件數：429件 入圍數：25件 評審團首獎：1件 平台特別獎：15件 野草精神獎：3組 人氣推薦獎：3件

日期	活動名稱	性質	講師／貴賓	活動人數
2020.10	第二屆野草計畫：編導新秀創意戰	得獎名單	最佳創意故事首獎：范芷綺《倖存者》 LINE TV 獎：劉遐觀《被逼到外遇的女人們》 myVideo 獎：包容任《彼岸島》 TVBS 獎：黃瑋斌《謊言補習班》 八大電視獎：林筱琦《歡迎光臨，請節哀順便》 可米獎：廖祥晏、陳宇涵《頂樓那個人》 影城業者獎：彭俊傑《公民裁決》 台視獎：李詩淇《小春一號》 百聿獎：林庭緯《一顆流星》 良人行獎：賴曉雲《七碗茶》 眾合千澄獎：許乃元《完美替身》 黑劍獎：揭陽《城間詭事》 柒拾陸號原子獎：郭書瑄《30+快速約會》 樂到家娛樂獎：邱恆毅《神選之聲》 東森獎：王政卿《失控》 歐銻銻獎：張純禕《足下微跡》	

野草計畫

成立第二年，英雄旅程開始舉辦編劇活動。湯昇榮回顧第一年找來好萊塢編劇團隊「救貓咪」開辦講座，同時也找來海內外講師交流。「當時有六百多人報名，但只能有一百多人來上課。你可以想像台灣有多少編劇人才求知若渴。」

接著英雄旅程舉辦「野草計畫」，從瀚草的概念出發，野草的堅韌會在磨合中被看見。野草計畫是一個媒合故事與投資者的過程，開發編劇自身也意想不到的潛能。

曾瀚賢說台灣編劇的養成很飄盪。可能是投一個比賽，投到得獎，接著可能有製作方會主動找上編劇，但也很有可能沒有。「編劇只能等待，或是從寫手做起。台灣沒有一個產業階段可以促使編劇誕生。」

野草計畫將國外常有的「pitch 機制」引入，制度性地將編劇的作品介紹給投資方，創造兩造相遇的機會。尋找同樣有故事需求的平台、投資公司一同參與，第一屆就達到十一家，包括電視台、網路平台、

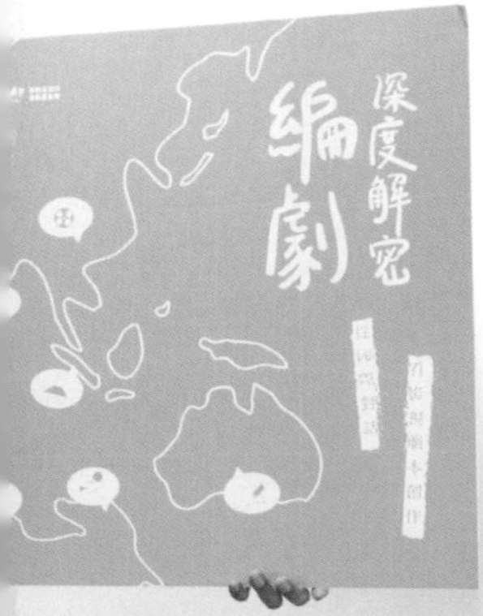

製作單位等。同時吸引來自各地的華人編劇好手，徵件達到兩百九十件。當時選出二十件作品，輔導編劇與投資方媒合，往下一個階段發展。

「這是台灣第一次舉辦這樣的活動，在最後 pitch 的時候，除了投資方，我們也邀請導演、製片與各式各樣的平台一起來聽，給編劇建議。」湯昇榮很驕傲，最後得獎者中有不少作品都將投入拍攝。

英雄旅程看似是一段套組行程，但其實故事中的每一位英雄都有各自的滋味。接受旅程召喚的不只是編劇筆下的英雄，正在努力生產故事的編劇自己也踏上未知旅程。瀚草影視成立的故事開發公司，就像替這些編劇與故事開路，好的內容與故事才能踏上旅程，再繼續召喚更多英雄、一起組隊，朝拍出一齣又一齣的好作品邁進。

創造延續性——紅衣小女孩股份有限公司

拍完第一部《紅衣小女孩》，曾瀚賢反思，每一部戲都獨立尋找資金真的太困難了，他想，有沒有可能透過一間實體公司的成立，將後面兩部的資金都找齊，最重要的是要把整個工作團隊都留下來，不能每一部都等到有資源，再找人。「我必須讓這股能量留下來，才可能累積，才會進步！」

也因為第一部的成功，投資方的信任也更穩固，從喊出願景到真正實踐，這個過程讓曾瀚賢更添底氣，二〇一六年曾瀚賢成立「紅衣小女孩股份有限公司」專門做ＩＰ系列的嘗試。從一部電影，變成一條有後續收益可能的「長尾」。

《紅衣小女孩：魔神仔》VR 體驗作品中，深受觀眾喜愛的虎爺情侶。

IP (Intellectual Property)

以電影行銷為出發點，如何運用相關素材與觀眾產生互動呢？《紅衣小女孩》IP擴散的第一階段嘗試推出「五感體驗」：食品、商品、旅遊、密室逃脫、活動等多元形式，和參與電影募資的民眾產生連結。讓民眾感受到生活中的各式娛樂都可以與「紅衣小女孩」有關連，藉此機會翻轉恐怖的也可以是創意、可愛，讓害怕而噤聲的禁忌，一轉成為生活中隨時可以討論的趣味創意。

《紅衣小女孩》在發展三部曲的過程中，漸漸勾勒出一個巨大的世界觀，一如國際系列性的大片，角色們在他們的宇宙觀中互相牽制、影響，一個大世界觀的背景對觀眾來說十分有魅力，而對IP的延伸操作來說也更有空間。

在三部曲中無法陳述的細節，或是在這個世界觀中可以延伸出的情感故事，就是可以透過衍伸商品補足、具象化的好機會。例如《紅衣小女孩：魔神仔》的VR體驗，當時劇組觀察到觀眾對《紅衣小女孩2》中

與漫畫家柚子合作的《虎爺起駕：紅衣小女孩前傳》草稿。

虎爺情侶的喜愛，因此以他們做為主軸故事，與專業技術團隊推出VR體驗。

《虎爺起駕：紅衣小女孩前傳》是與漫畫家柚子合作的漫畫作品，並邀請《紅衣小女孩》的編劇楊宛儒參與製作，以延續原IP的世界觀，讓故事的核心完整。漫畫內容也補足電影三部曲中沒有篇幅闡述的虎爺的親情與愛情。

《紅衣小女孩：噩夢再見》則是密室逃脫遊戲，運用電影中的元素建構密室空間，每一個細節都呼應電影場景與情節，看過電影的觀眾會身歷其境，沒看過電影的人更會因此進一步產生走進電影院一探究竟的渴望。

《紅衣小女孩同名專輯》除了收錄電影一、二部曲中的音樂、音效、對白，主打「用聽的更可怕」，特別邀請知名音樂詩人雷光夏為紅衣小女孩量身打造新單曲〈光的盡頭〉，闡述故事的主軸，恐怖晦暗終會過去，盡頭有光。

「紅衣小女孩股份有限公司」並沒有在電影三部曲拍完後結束，它以公司體的形態累積品牌信任與人才資源，繼續開發恐怖、驚悚的故事，孕育特定類型的故事，把恐怖類型變成專業。

運用電影場景和情節打造的《紅衣小女孩：魔神仔》VR 體驗。

紅衣小女孩
THE TAG-ALONG
漫畫化決定！
出品：紅衣小女孩
原動力
DYNA BOOKS
指導單位：文化部

紅衣小女孩股份有限公司的推手
陳信吉總經理

三部曲的優化：「不要開玩笑吧！」

有廣告製片背景的陳信吉，在二〇一二年首次投身電影長片工作，擔任《大稻埕》的執行製片。他坦言，廣告和電影是截然不同的專業。在拍完《大稻埕》之後，陳信吉並不迫切想要拍長片，直到二〇一四年，曾瀚賢向他提到「紅衣小女孩」這個恐怖片的發想。

「當時看完第一版劇本，瀚賢問我要不要做？我覺得很有趣，感覺可以往下走。」陳信吉說那個階段，他與曾瀚賢聚焦討論的都是「沒有人做過，怎麼辦？」不論是作品如何與大眾接觸？台灣可以做出理想的特效嗎？種種疑慮，兩位製作人最初就嚴謹思量著。

「這個模式，其實跟拍廣告有點像。拍廣告的時候我們拿到的劇本橋段，都是很概念的東西。所以我們在

做的事比較傾向『測試』。」陳信吉從廣告的豐富經驗，思考將產品推向陌生市場時，會經過一階段一階段的「測試」，然後「優化」。

但面對電影長片的「優化」過程，陳信吉還是有擔心害怕：「其實瀚賢跟我講要拍三部，我就有一點……，坦白說，是有一點覺得不要開玩笑。」

陳信吉說當時在做《紅衣小女孩》的前端洽談時，許多單位、異業都衝著「拍了《阿嬤的夢中情人》的曾瀚賢」而願意幫忙。由此可見，《阿嬤的夢中情人》是一部普遍被認可的好作品，它在市場上票房的失利，卻無損它在創作上的成功。

創意製片

「我是一個非常尷尬的存在」，陳信吉加入劇組時《紅衣小女孩》的前期規畫已漸入完整，他在電影製作上經驗不算多，但因為資深的廣告背景，拍攝現場的經歷又比當時年輕的劇組豐厚。《紅衣小女孩》整體工作團隊的平均年齡算起來大約是二十七、八歲。

「最後瀚賢給我『創意製片』這個頭銜」，這是一個台灣劇組沒有的職位，卻成為《紅衣小女孩》把關的重要眼睛。

例如，在廣告的訓練中，特效是很常碰觸的專業，「紅衣小女孩系列」的兩位導演程偉豪、莊絢維都有特效背景，但陳信吉可以把關實際的預算分配，看到在劇本範疇中什麼地方要花這個預算、什麼地方可以省點氣力。

陳信吉把自己的角色抽離，花時間尋找在製作過程中發光的線索，確認哪些線索可以累積成未來行銷能運用的重要素材。

回過頭來歸納，陳信吉總結當時「創意製片」的角色，是帶著團隊開發製作端與行銷面上的共同需求。做過電影執行製片，也擁有豐富的現場執行經驗，陳信吉知道劇組的現場走程，他能夠自由精準地穿梭在拍攝的期程之中，抓到他認為可以與未來觀眾溝通的「素材」——他習慣這麼稱呼，將行銷素材當作重要的元素細緻地經營。走完《紅衣小女孩》第一部後，他已經在思索種種未來須改良的地方。

例如，海報的拍攝。電影的海報是與觀眾溝通時很重要的管道，一定要吸睛又飽含電影風格，以一張視覺傳遞充足的訊息，說服觀眾買單進場。陳信吉的反省是，他認為海報的拍攝應該可以在拍攝期進行。「雖然演員都有辦法很專業地回到角色狀態，進行海報拍攝。但做法上跟在現場拍攝不太相同。」

又例如，恐怖片在行銷波段上會遇到的困難往往是「不能講太多」，所以一方面希望可以將行銷波段拉

長，在剛拍完後就推出了「超前預告片」，但距離上映還有段時間時，就必須很困難地擠出可以被大眾吸收的素材。有了這次經驗後，陳信吉在後面兩部續集掌握更好的節奏，在開拍前就拉完行銷期程，早早就知道在製作端安排好時機點得到素材。

異業溝通：他們一聽到「紅衣小女孩」就嚇死了

在最早期，陳信吉就著力在異業結合。但他認為在二〇一五年《紅衣小女孩》的初期，異業結合是失敗的。「我們很常被掛電話，往往一說我們是『紅衣小女孩』他們就嚇死了。」畢竟是鬼，在台灣當時仍然非常禁忌，一般人很難想像該如何與鬼片有正向的異業結合。陳信吉分析，當時只要洽詢年齡五十歲以上的異業團隊，他們都會直接說沒辦法。甚至有品牌是願意交換資源，但在最後說：「直接拿去用好了，但不用上我們的標誌。」

《紅衣小女孩》第一年實際拿到的贊助資源並不高，但陳信吉仍持續嘗試。當時推出許多周邊商品，

LINE的貼圖、食品，也嘗試了當時受矚目的群眾募資。「在過程中有些有成功，也有失敗。但我們都試著去落實想法，這是很重要的累積。」

直到拍第三部《人面魚：紅衣小女孩外傳》，陳信吉才感受到大眾的接受度。「那時，找場地或異業才稍稍順利一點。大家才真正認可你好像不是在開玩笑，是認真的。」他也表示到了二〇一八年，第三部上映時，台灣的鬼片市場也漸漸打開，禁忌感也慢慢化解。

行銷預算的突破

從《阿嬤的夢中情人》失利之後，《紅衣小女孩》大舉提高行銷預算。當時的製作費約兩千五百萬元，行銷費用就運用到一千萬元上下。「在這過程中，我才發現台灣國片的投資比例，在行銷和製作上，長期處於一種不對等的狀態。」陳信吉說當時《紅衣小女孩》一千萬的行銷預算讓產業人士驚呼，但如果與好萊塢片在台灣動輒一千五百萬、一千兩百萬起跳，實在有落差。

在《紅衣小女孩》頗有口碑後，曾瀚賢成立「紅衣小女孩股份有限公司」，陳信吉擔任總經理。「成立公司的好處是我們可以把IP整個統一，往外延伸，產生其他收益，再把收益回饋到電影本身。」在其他國家，可以看見許多「一片公司」的操作。陳信吉解釋所謂的一片公司就是針對一部作品成立一間公司，後續營收都能以這間公司作為處理單位。

紅衣小女孩股份有限公司的成立，是以公司的思維操作產品。產品除了影視作品，還有因應而生的周邊IP、品牌經營，同時也能集結人力累積經驗。

「我們戲稱做出來的周邊，幾乎是『紅衣二・五』」，有了公司的保障，把IP延續，陳信吉做出更多新鮮的嘗試。不僅有新的密室逃脫發展，漫畫、VR，看起來是抓著紅衣小女孩的故事向外拓展，但這些外拓也都會吸引更多本來不是恐怖片族群的觀眾，讓他們回流到電影作品本身。

他舉例在製作VR時，高規格、造價高，他們一開始就把目標定在參加國際影展與各項海外比賽。「這也是必要的測試。」陳信吉認為VR是一個趨勢，他們必須先走，讓專業技術追上國際水準，等市場一打通，就有出線的機會。

「我們測試融合不同客群的可能性，認識不同的市場，挖掘各個資源。」例如，VR得重新學習，認識漫畫產業、出版產業的狀態，對陳信吉來說也都是另一門專業的探索。

行銷手法：在可怕與可愛之間

有很多人光是聽到「紅衣小女孩」五個字就會害怕，所以推出 LINE 貼圖時一定要夠可愛，力求把片名送到潛在觀眾的生活中。「至少要讓觀眾知道片名，就算恐怖片不是你的選擇，也要讓你知道有這部片的存在。」陳信吉背後的思考是關鍵字排名，他想盡辦法要讓「片名」在關鍵字的搜索順位前進一點。他研究過，要一般觀眾講出正確的片名並不是容易的事，「但如果他連片名都講不出來，你覺得他怎麼可能在選片時把這部片納入考量順位？」

陳信吉試圖從外圍行銷，他想要觸及的是非恐怖片的多數觀眾。「我們要先做足夠多的行銷，讓作品被記得，先被記住，才可能被選擇。」但他也說，前提是自己對作品有足夠的信心。

拆解「紅衣小女孩系列」，可以很清楚看見以情感為主軸、以恐怖為元素的脈絡。當時台灣整體恐怖片的票房數字約有三千萬上下的群眾，瀚草知道，如果這系列的恐怖片是衝著餵養這三千萬的核心觀眾奔去，那麼恐怖的程度一定得大大拉升，「他們是重度患者，血腥感、懸疑感，要求都會很高。所以我們知道如果朝這個方向去，紅衣系列會比較辛苦。」所以一開始在評估目標觀眾時，他們就很明白紅衣系列不是要滿足恐怖片的重度觀眾。

恐怖片走親情眼，以看完電影後能讓觀眾獲得情感上的滿足為目標，而非被驚嚇的純娛樂，陳信吉說這不是他們獨創的概念。電影在落劇本時，程偉豪導演就提及《厲陰宅》這樣的恐怖片，文戲、武戲的比重分配，讓觀眾在情感上被滿足、掀起口碑，不只恐怖，還很有溫度。

回到行銷預算的討論，陳信吉笑說後來他們都想，好在紅衣小女孩的密室逃脫有賺點錢，這些收入又會回來成為他們的行銷預算。「所謂自己的行銷預算自己賺。」除了認清楚行銷操作的觀眾，他們也很明白哪一項行銷有效，哪一項不行但仍然有執行的必要。挑選好的合作夥伴也相當關鍵。

與其他企業談資源交換，從第一部連品牌標誌都不要掛上的合作經驗中，陳信吉理解到資源交換的夥伴不是有就一定好，而是公司或合作的物件本身調性要相合，「有點像是挑保母，如果保母也愛小孩，那小孩就會被照顧好。」

但他同時明白在其他劇組很難達成這樣的任務，很多行銷可能剛剛開端時，只要導演說不要、製片說不要，那行銷人員就無路可走。「所以還是要回到製作端，你要能夠說服導演、製片，你做的一切真的是為了作品好，讓他們知道作為一個行銷端，你有多瞭解作品。」

例如，在拍攝現場，請攝影師多拍一些空景。行銷要知道什麼內容不能曝光，但也可以為了後續的行銷素材，哪怕只是一則新聞稿、一則臉書推播，都要去累積、創造可能性。陳信吉會在很早期就讓導演知道他的行銷波段，建立信任關係。

宇宙的延續與創新

陳信吉分享目前紅衣小女孩股份有限公司主軸分成兩塊，一塊會延續紅衣小女孩宇宙，在同一個世界觀擴充既有角色，或建立新的角色，例如，黃衣小飛俠等與紅衣小女孩同樣從台灣地方民俗傳說而來的故事。

另一塊則是開發新的故事ＩＰ，在恐怖類型片已累積相當製作經驗後，接下來會推展新的作品，不一定有鬼，但恐怖驚悚是一定會有的元素。紅衣小女孩股份有限公司的存在與延續，體現了瀚草影視所強調的「累積」，並在累積中不害怕失敗地成長。紅衣宇宙將會繼續擴張。

風吹。播種

▶新嘗試——《前男友不是人》、《逃出立法院》、《我們與惡的距離》、《同居吧！MC女孩》

《麻醉風暴2》之後，瀚草持續開出新枝，從二〇一七年《逃婚一百次》、二〇一八年《前男友不是人》、二〇二〇年《逃出立法院》這三部風格迥異的影視作品中，不難看出大膽嘗試不同類型可能性的企圖。而二〇一九年湯昇榮跨刀製作人的《我們與惡的距離》更是將台灣電視劇推上另一高峰。

類型片的新嘗試：《逃婚一百次》、《前男友不是人》

曾瀚賢說在「紅衣小女孩」系列和「麻醉風暴1、2」之後，剛好出現一些機會能嘗試偏向都會情感的作品，《逃婚一百次》和《前男友不是人》就是偶像劇類型的新嘗試。「有趣的是，大家都覺得它們很不像瀚草的作品。」曾瀚賢笑說他與湯昇榮從來沒有拒絕偶像

《逃婚一百次》也是類型新嘗試。

劇，只是他們兩人剛好都沒有這方面的觸角。「我們的心可能搆不到偶像劇的精華，這是我們比較不擅長的，但不是不能做。」

也因為這兩部作品的經歷，他意識到原來大家對瀚草有一種品牌刻板印象。「好像瀚草應該做Hardcore、陽剛的作品，當我們要做差異化的類型時，他們不一定買單。」也因為如此，曾瀚賢更清楚必須做「子品牌」的規畫，讓子品牌自己長出容易被辨識的樣貌，將專業的劇種分配給專業的團隊操刀。

外界眼中很不像瀚草的《逃婚一百次》（上）、《前男友不是人》（下）。

合作，更有力量：《我們與惡的距離》

瀚草影視有個特色——非常願意與他人合作。既然出發點是整個環境生態圈的共好，那麼別人好，自己也會跟著茁壯，這樣的思考從故事開發到後端製作都有所發揮。湯昇榮說：「不跟別人合作，會喪失可能性。這是一種策略。」這樣的思考，促成了《我們與惡的距離》。

《我們與惡的距離》是二〇一九年台劇無法忽視的大亮點。編劇呂蒔媛寫完劇本，公視開標尋找製作公司，湯昇榮表示他看完劇本，就非常想要製作這部戲劇，但當時瀚草仍有正在進行的作品，無法全權負擔整個製作，評估後，轉介給好夥伴林昱伶的「大慕影藝」製作。

過去以投資作品為主的大慕影藝，也曾投資「紅衣小女孩」系列以及《痲醉風暴2》，透過瀚草的轉介，他們分工展開。湯昇榮說瀚草負責初期的企畫撰寫、尋找製作團隊等，加上湯昇榮有記者的經驗，成功打造新聞台寫實的情境，包括媒體工作的流程運作細節、編輯台搭景的真實程度，甚至是新聞畫面內容，都是有意識地精密呈現。

劇本深刻根植於人性，以一場無差別殺人事件為主軸，勾起善與惡的判斷，呈現無解的現實人生中，每個人都只希求那一點點盼望。除了完整的劇本，演員與製作團隊也做足田野功課，播映後引發熱烈的討論，從新聞媒體界、法律界到心理諮商領域，整個社會因為一部戲劇作品，同時將眼光放在值得關心與討論的議題上。

《我們與惡的距離》在第五十四屆金鐘獎入圍十四項，奪下六大獎，包含戲劇節目獎。並創下版權合作的新型態：Catchplay、HBO與公共電視三方合作，將一部戲劇作品推往國際，涵蓋亞洲與美洲。

台灣也有殭屍片：《逃出立法院》

二〇二〇年，在殭屍作品橫行歐美、韓國之後，瀚草也推出殭屍題材作品《逃出立法院》。故事描述立法院爆發活屍病毒，從總統到立法委員通通變成喪屍，一小群倖存者力求生存的B級邪典片。

《逃出立法院》由監製曾瀚賢聯手《紅衣小女孩》系列編劇簡士耕，是由新銳導演王逸帆首部執導的電影長片。活屍片的成本不可能低，從人員調度到特殊化妝，如何讓它更貼合現實的發生，密閉空間成為一種解方。在三方多次討論與調整後，定案故事發生的場所就是「立法院」。

為什麼要拍活屍片？曾瀚賢不只是跟風，他在意的仍然是開創性。如同當初《紅衣小女孩》要推出時，市場上看不到台灣鬼片，必須要有人先嘗試才知道觀

《逃出立法院》是結合殭屍與政治議題的創新嘗試。

眾在哪裡，電影市場才會有更多可能。

網路劇：同居吧！MC女孩

早在二〇一八年初，有平台來找瀚草提出開發合作，對方提了幾種類型的選擇，製作人柯俋森選擇了「荷爾蒙」喜劇類型，當時市場上幾乎少見以女孩為主的喜劇作品，開發初期的編導聊天時提到女生宿舍的話題，聊起「三個女人一台戲」，但如果是三個女大生和一個女鬼同居會不會更有趣？這個概念開啟了這部影集的創作旅程。

從概念到執行就是難題，為了瞭解現代十八至二十歲年輕人的各種價值觀，柯俋森和編劇跑到台北東區飲料店找人田調，試圖瞭解當下他們喜歡的影視作品與人生等話題，最後切入愛情與性的議題討論。有趣的是雖然年輕人對於感情大多表現務實，但內心還是會想從影視作品找尋那個他們不太相信的純愛情信仰。有了幾個人物核心之後，喜劇結構形式又是一個考題。柯俋森和編劇從田調發現情境美劇《破產女

《逃出立法院》的劇組合影。

孩》也是當時滿多人愛看的影集，於是開始分工把影像寫成文字劇本以瞭解情境喜劇的架構是如何進行。當時基本上是編劇把完整的故事先寫出來，然後再與導演和柯佢森討論故事與執行面，以及調整喜劇節奏點的設計。

經歷了一年多的打磨與調整，劇本終於完成進展到申請輔導金，原本很擔憂的柯佢森很感謝當時的每位評審支持，特別是宋欣穎導演對於劇本的鼓勵。

製作期最大的難題是如何讓新人演員瞭解喜劇的表演與節奏，當時製片找來兼顧喜劇與脫口秀表演的黃小胖老師擔任表演指導，對於四個女孩的表演有著非常大的幫助。從開發到製作的過程柯佢森非常感謝瀚賢與湯總提供完全的支持，以及公司和劇組夥伴的投入，特別是Eric、小卓、Lary、玲姊，讓他在這個計畫中，包括製作與行銷面都有許多珍貴的第一次嘗試。

投資方黑帽影業公司在瀚草還只有劇本時就願意相信並投入，最後也隨著作品赴多個國際影展與外國觀眾交流，特別是瑞士沃維的喜劇影展（VIFF），這是由卓別林孫女主辦的影展，在卓別林最後隱居的沃維小鎮集結全世界入選的喜劇作品。

柯佨森永遠記得首映結束在影廳外的走廊上，一位手持拐杖的女觀眾握著他的手說：「謝謝你們拍出了我們心中很想大聲說的感受。」這是他加入瀚草後才有的珍貴體驗。

試了才有機會，瀚草影視把觸角打得更開，有了經驗，有所累積，不怕與產業共享。在偶像劇、殭屍片與女孩性喜劇之後，瀚草影視要挑戰刑偵片。

電視劇

《逃婚一百次》

Running Man

播映時間 2017. 10. 28 – 2017. 12. 2 ｜ 10 集，每集 60 分鐘

導演 北村豐晴｜**編劇** 楊宛儒｜**監製** 湯昇榮、張森和、林嘉莉

製作人 曾瀚賢、許文雄

主演 黃鴻升、李千娜、納豆、張景嵐、許萌希

單集預算 新台幣 200 萬元

《前男友不是人》

The Ex-Man

電視劇

播映時間 2018. 5. 18 － 2018. 8. 10 ｜ 13 集，每集 90 分鐘

原著 楊宛儒《前男友是鬼》｜ **編劇** 楊宛儒、楊碧鳳、吳美枝、連凱鴻

導演 鄧安寧｜ **總監製** 薛鳳、湯昇榮

監製 方可人、辛舒蓓、張森和、馬天宗、曾瀚賢｜ **製作公司** 瀚草影視 八大電視

主演 楊丞琳、藍正龍、路斯明、李杏

發行公司 八大電視、良人行娛樂文創、大清華傳媒、瀚草影視

單集預算 新台幣 250 萬元

《逃出立法院》 電影

Get The Hell Out

上映時間 2020. 6. 28 ｜ 96 分鐘

導演 王逸帆

編劇 簡士耕、王逸帆、楊宛儒

監製 曾瀚賢｜**發行商** 華映娛樂

《我們與惡的距離》
The World Between Us

迷你影

播映時間 2019. 3. 24 — 2019. 4. 21 ｜ 10 集，每集 50 分鐘
導演 林君陽｜**編劇** 呂蒔媛
製作人 林昱伶、湯昇榮｜**監製** 於蓓華
製作公司 大幕影藝｜**發行公司** 公共電視
主演 賈靜雯、溫昇豪、吳慷仁、周采詩、洪都拉斯、陳妤
預算 新台幣 4430 萬元

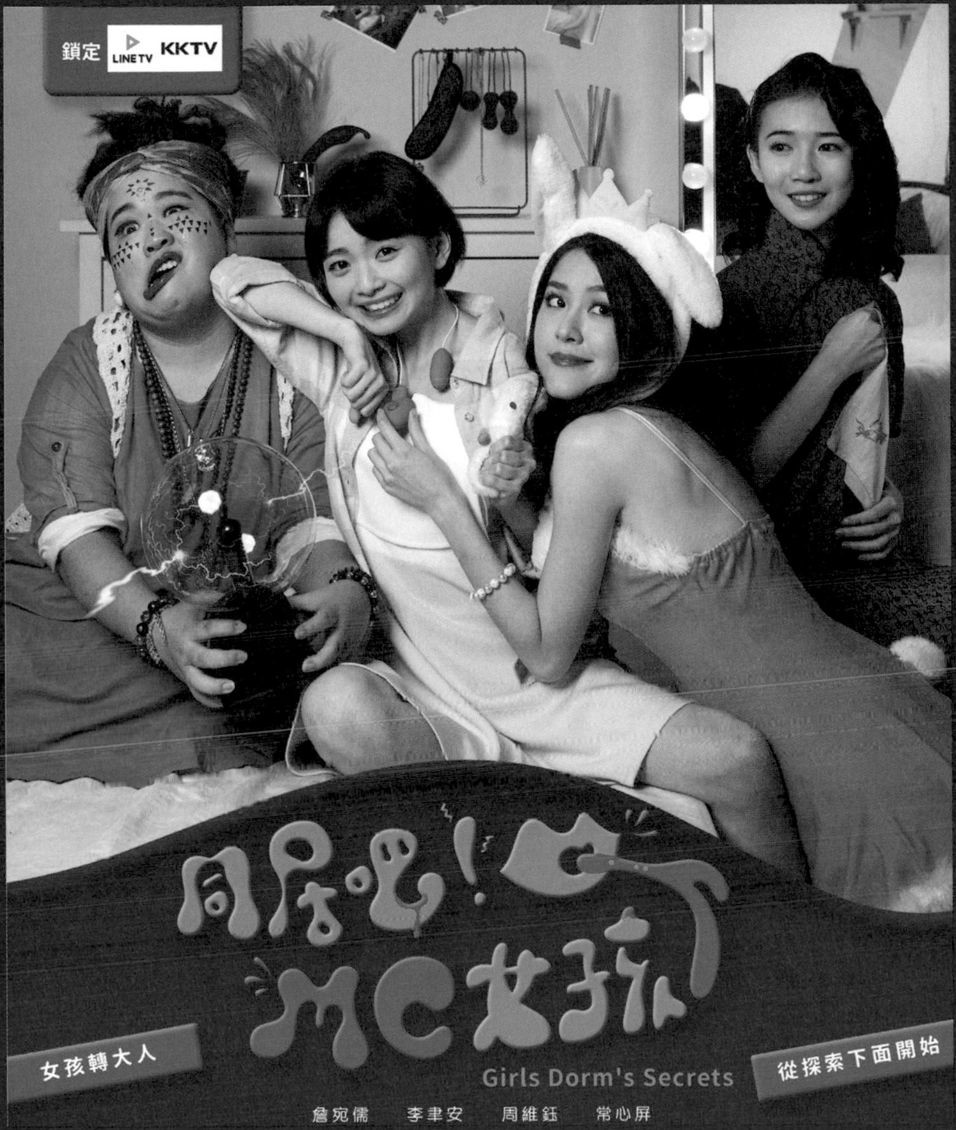

《同居吧！ MC 女孩 》

Girls Dorm's Secrets

迷你影集

首播時間 2019. 7. 3 ｜ 10 集，每集 12 分鐘
導演 李湘郡
編劇 趙心馳 / 柯侶森 ｜ **製作人** 湯昇榮 柯侶森
監製 曾瀚賢 ｜ **製作公司** 瀚草影視
主演 詹宛儒、李婕、周維鈺、常心屏
發行公司 瀚草影視

《誰是被害者》，每個人都渴望發聲

二〇二〇年《誰是被害者》在 Netflix 上檔，被視為類型片推上國際平台的最佳示範，也是台灣成熟類型影集指標性作品。曾瀚賢說大家看《誰是被害者》是一夕爆紅，但其實一切都是來自經驗累積：「因為痛過，我知道要怎麼避免前方的困境。」

他分析說，Netflix 在每一個國家尋找專業的製作團隊，他們尋找的不是一部作品的突發性爆紅，「他們在找可以持續、有穩定性的團隊。」而在台灣，穩定性是最困難的。「我們也不敢說自己已經是一個很穩定的團隊，可是瀚草一直在追求的『生態圈』講的就是這個穩定性。我在思考的是，有沒有機會讓每一個環節都有專業，這樣我們是不是就可以接近穩定？」

正巧契合了疫情期的共感

《誰是被害者》改編自天地無限創作的小說《第四名被害者》，由莊絢維、陳冠仲執導，梁舒婷、徐瑞良編劇，張孝全、許瑋甯、王識賢主演。故事描述患有亞斯伯格症的鑑識人員發現女兒涉嫌命案，於是與一名社會線女記者追起這宗連續命案。典型的刑偵類型

作品，卻隱藏著每一名被害者不被瞭解，而渴望被看見、發聲的熱切。挑戰詮釋恐怖與溫度並存的死亡。

二〇二〇年，全球正面臨前所未見的病毒威脅，日常生活被中斷，原本擁有的自由被剝奪，在這種處境中，人人都感覺自己是「被害者」。曾瀚賢說這個作品早在播出前兩三年就開始運作，沒有人可以想見會有Covid-19的發生，更無法想像受到病毒影響的人們多麼需要發聲的出口。曾瀚賢表示在作品上，他們不會為了市場正在紅什麼而做什麼，瀚草一路以來的作品，都是團隊因為對故事有所感，而啟動企畫。

「我們很重視跟作品的關係。」瀚草開發故事的過程是細膩且費時的，當團隊對一個議題有所感，或是有一個想要講的事件，會和故事的原創者一起慢慢討論，在過程

《誰是被害者》拍攝現場。

中，感覺市場的一些些想像，再試圖把市場需求雜揉進故事之中。這是一個劇本內容建構的過程。

隨著疫情的爆發，曾瀚賢觀察到人類群體的被剝奪感。「在疫情之下，你的生活被打破了，所有的事情都被影響。這個處境中我們找到一種共鳴，如果這部作品再早一點，我不一定會抓這個共感。」除了「被害者」的共感，《誰是被害者》也掀開了社會底層細微卻深刻的痛楚。

台劇終於登上國際舞台

瀚草和國際平台合作並非偶然，而是長久以來的耕耘。湯昇榮說早在二〇一七年

《麻醉風暴2》時，瀚草就對與國際平台合作釋出意願與決心。「那時候瀚賢找我來瀚草，我們就在討論一定要用新的方法走到國際上。」

湯昇榮經常飛往世界各地參加國際影視交易活動，那一年他印象超級深刻。他帶著《麻醉風暴2》的片花到胡志明市，台灣的影視產業組成一個團隊一起參加。「我感到一種很深的悲哀，台劇也太慘了。」他說當時《麻醉風暴2》在台灣還沒播映，在現場播完片花，國際詢問度很高。「有印度買家想買故事，有越南買家開出一集兩千美金來買片。我都拒絕。」當晚聚餐時，他與其他台灣團隊朋友分享，沒想到朋友在飯桌上大喊：「你瘋了嗎！五百我就賣了！」湯昇榮替台灣戲劇感到不值，他很希望可以讓國際知道「台灣拍出的作品，應該更有價值。」

幾年後，OTT改變了收視方式，國際平台在台灣的開展，也促使台灣影視業與國際市場互動的遊戲規則徹底改變。

從前，影視業者對「國際」的想像，就是一集賣多少錢。湯昇榮說：「這有點像『跑單幫』，我偶爾有一部

作品放上國際平台就是與各種類型和無數國家一同競爭。

作品紅了，但卻也不敢說紅的原因。」曇花一現地賣出，是過去與國外電視台購片的情境。但串流平台的興起，改變了作品和國際市場的關係。

《誰是被害者》的版權模式是等作品完成，再由版權方開價。當時 Netflix 看完第一集的初剪，就決定買下獨家播映，雙方一拍即合。過程中也有幾家平台來談，但 Netflix 相對給了好的預算，也有一定程度的信賴，天時地利人和，作品於是躍上國際往外推展。

Netflix 之後

當一部作品放上國際平台，它就不再是走進特定國家、特定時段的電視之中，而是同一個時間與各式各樣的「原創」作品，和數不清的國家，一同競爭。「我同樣還是從內容思考，也許，我們還是要回到更純粹的狀態。」曾瀚賢坦言他們也在反思，不斷思考，一個國際作品的雙腳要站在什麼土地上面、要消化什麼樣的內容，才足以被世界的眼光看見。

《誰是被害者》是台灣第一部和 Netflix 續訂的作品，意思是在製作前期都還沒展開時，下一季的檔期已經預留給續集。瀚草將要面臨更高規格的壓力。當市場擴及全球，時間已經排定，如何沉靜下來好好說故事，曾瀚賢認為這部續集絕對不能丟臉。「我在想的問題也不是此刻怎麼拍續集、怎麼面對壓力。而是在這之後呢？要怎麼持續？能持續多久？」曾瀚賢的思考從一而終，永遠都落在生態圈的創建。

曾瀚賢坦言他的焦慮，在《誰是被害者》後，影視產業的環境非常熱，同一時間有許多類型作品正在開拍，「現在又有一點市場浮動，所以你說這會不會形成排擠效應？人才依然缺乏，大家會比較浮躁。」最後又回到原點，「人才」在哪裡？曾瀚賢認為創作需要安靜、需要沉澱，「可是現在卻有點浮躁，每個人都覺得什麼事情都可以做。」

台灣影視產業正在邁向下一個階段，而瀚草影視繼續埋首，把眼光放遠，從人才、市場、資源檢視自己的耕耘是不是對創造一個永續的生態圈有助益，並且不怕犯錯地優化，繼續航行。

反省

每個案子做完，莊絢維都會回頭對案子作歸檔作業式的反省——細細翻閱、檢查與反思，再看一次什麼決定做對了、做錯了。在《人面魚：紅衣小女孩外傳》之後，莊絢維思考如何可以流暢地運用團隊的長才，因此在《誰是被害者》的操作時，便相對得心應手。他說：「就像第二年打同一支球隊，會比較順暢一點。」

更多的反省是落在技術層面。莊絢維舉例說明，一場一分鐘的戲必須服務兩三個訊息，要如何有效率地掌握節奏、把訊息好好說清楚？答案是透過技法處理，可以突顯某個重要的訊息。如果沒有處理訊息的概念，那一場戲可能需要三分鐘或更多時間，如此就考驗觀眾的耐心，更可能會拖垮整個戲劇的節奏。「商業類型片的節奏感很關鍵，你必須一直計算。這個地方多幾秒，節奏感是不是就削弱了？可以怎麼調整？」

莊絢維在《人面魚：紅衣小女孩外傳》走完剪接後期，從剪接師解孟儒身上收獲甚多。他看著自己拍出來的素材如何被剪接師處理，在那個當下他就明白了這些原始素材的限制與困境，「我會思考

的是，如果我那個時候換個方式拍，是不是就可以給剪接師更多空間？」再次回到現場，莊絢維的腦袋裡植入更多組合的概念，在拍攝當下就能夠讓更多可能性發生，作出更多判斷。

尤其《誰是被害者》是劇集，四百多分鐘的作品，不會順著劇本的進程拍攝，一天內有時候拍第一集，下一顆鏡頭卻是第八集，它更加考驗導演對故事節奏、人物情感的掌握。也因此在《誰是被害者》現場時常看到剪接師的身影，他會在四、五天內剪出一個成果，導演也能精準地掌握素材的狀況。「我現在看到前兩天拍的東西，它就會影響我接下來的拍攝選擇。例如，這一場做得很好，我就會改變下一場的拍攝方式，或是我覺察某個訊息說得不夠充足，那接下來我就可以在合適的地方加強這個訊息，把故事說得更完整。」

莊絢維很興奮，拍攝劇集的彈性讓他在其中玩得很開心，他也強調這種「彈性」是建立在團隊上。「不管是剪接師或是特效，如果沒有他們很專業、有效率地把成果階段性地處理出來，那我也沒有彈性可言。」

直覺

「直覺就是一種敏銳度吧。有時候我們會感覺到一件事情對或不

對，如果你很仔細地想，應該都找得出答案，但當你沒有太多時間，這時候你會說出一個感覺，這是我所說的直覺。」莊絢維曾說《誰是被害者》的拍攝，是百分之九十九的科學，加上百分之一的直覺。但再往內細究何謂直覺，他的回答事實上又非常科學。莊絢維舉例說明他在一場重要的戲中相信直覺的過程。

那是一場在劇情發展上十分關鍵的戲，男主角方毅任（張孝全飾演）在醫院裡，他會進入回憶看到女兒在童年時受傷的過程。這原本是一場很正統的回憶戲，安排一個寫實的拍法回憶過去。「但是那個當下，當一切都 set 好了，我們在等打光，我覺得不太對勁。這樣拍沒有問題，訊息都很清楚，非常安全。」但就是這股安全，讓莊絢維直覺很不舒服。

沒有時間多想，莊絢維向燈光師說：「這整個事情太安全了，不對。」結果燈光師突然問：「那我們打紅色光好不好？」「用紅色的光，我就突然覺得對了，就是差這個東西。」

因為打了紅光，這場回憶戲就不再寫實，而被改變成為一場後設的狀態，方毅任沒有出現在當年的那間醫院，而是用後設的形態回頭看女兒小時候的受傷。好像這個悲痛成為一場永遠在男主角心中不斷上演的小劇場。

事後莊絢維問燈光師：「為什麼是紅色的光？結果他說，前置的時候，我曾經跟他溝通過，紅光對方毅任來說就是『危險』。」原來那一份直覺也不是無中生有，而是團隊在前期準備時所做過細膩的處理，在這一刻發揮效果。「跟團隊之間的溝通，即便有時候很抽象，但是那個目標是存在的，有共同目標後大家就會知道怎麼做，有了共感，

「被害者的感覺」可能都埋藏在每個人的心中。

3

敏銳也會從中長出來。」

創作都是滿足某一種集體潛意識

「拍攝的時候，我們沒有預想到會有疫情，也不知道會發生什麼事情。我反而覺得，那個『被害者的感覺』可能一直生長在這片土地的人心裡。」《誰是被害者》播出時，全世界正因疫情而混亂，所有人都受害其中。但莊絢維思考的是更埋藏在每個人心中的情緒，好似那個「被害」的感受早已不知不覺的在心中滋長，只是遇到某個可以發洩的事件時，它會爆發得特別鮮明。

「每一個時代的人在不同時空下，都會產生很多衝突和遺憾，這些能量、這些故事都會留在土地上，不知不覺中，我們吸收了，這些東西就被寫出來，故事出來後才發現很符合現狀。」像一個循環、輪迴，也是《誰是被害者》中這些環環相扣的自殺者們所欲呈現的故事。

聊到《誰是被害者》的成功因素，莊絢維感覺這部作品或多或少成為了一些人的救贖。「也許在我們生活的現在，殘酷已經很多了，大家其實都受夠了，因此突然看到一點點溫暖的觀點，好像大家就更能接受，有所渴求。我覺得這個作品的成功，是因為它用一個很溫暖的手段講一個很殘酷的故事。」

《誰是被害者》

The World Between Us

迷你影集

首播頻道 Netflix ｜**播出時間** 2020. 4. 30 ｜**播出國家** 全球｜ 8 集，每集 62 分鐘
原著 天地無限《第四名被害者》｜**開發** 簡士耕、英雄旅程股份有限公司｜**導演** 莊絢維、陳冠仲
編劇 梁舒婷、徐瑞良｜**製作人** 湯昇榮、徐國倫、許文雄｜**總監製** 曾瀚賢
出品人 良人行影業－郭玉清、瀚草影視－曾瀚賢、台灣大哥大－林之晨
主演 張孝全、許瑋甯、王識賢
單集預算 新台幣 1000 萬元

《2049》，想像華人未來的科幻生活

二〇二一年，瀚草影視推出影集《2049》被歸類在「紫瀚草」（Purple Grass）——科幻類型。該影集首季推出三個故事：喜劇《幸福話術》討論夫妻之間的溝通問題是否可以藉由科技工具解決；《完美預測》則為黑色懸疑，一對夫妻在算命之後得知自己的孩子很可能是殺人犯，他們該如何自處；解謎懸疑的《刺蝟法則》則深入母女關係，描述一名心理醫生深埋心中的傷痛。每集三十分鐘，短影集規格，在形式上也符合現代人越趨短暫、破碎的時間運用。

故事時空從一九四九年的《茶金》轉場二〇四九年的《2049》，瀚草影視悄聲在同一時期做了一場橫跨一百年的記錄。時代劇是一種回望過去的想像與爬梳，科幻片的《2049》則是一種推理，對人類未來生活想像的推論。科幻主題並非憑空而來，《2049》是湯昇榮放置心中良久打磨的題目。

早些年在客家電視台，湯昇榮企畫節目《作客他鄉》，拜訪旅居世界各處的客家人，探詢他們從亞洲

遷徙他鄉的故事。在企畫的過程被眾多落腳海外的華人感動，「我看到很多在世界各地打拚的身影，當時就想有一天我要把他們拍成戲劇。那是一個全球的視野！」湯昇榮理出這些經驗的脈絡，指向一九四九年戰爭帶來的大遷移。這個年份就此落進他的心中。

二〇一三年，湯昇榮初次嘗試接觸科幻題材《死了一個國中生之後》。故事啟發自真實社會事件，一名國中生在照顧玻璃娃娃的同學時，不小心摔死了他。死者家屬對這名國中生不諒解，湯昇榮則是思考或許對這些國中生而言，他們的心理負擔也十分難解。湯昇榮決定把故事拉到十五年後，當年的國中生長大，事件的陰影如何在他們身上顯露？他們會擁有什麼樣的人生與性格？「就是這樣的思考，我們挑戰一則時間設定於未來的故事。」戲中微微地使用了科幻的元素，初次嘗試一些概念。

對於「科幻」的想像，湯昇榮說其實就是生活。他分享自己兩度參加世界博覽會的經驗，在博覽會現場，看到各國對於人類未來生活的推演，而這種推演與期待就促成了「科幻」。

他說，例如在上海世博排了兩小時的隊伍，進了通用汽車的場館，面對一場短影片的放映，建構出對於未來生活「無人車」的想像，影片結束後，場內真的就開入了一輛無人車，湯昇榮說那一刻很是驚奇。未來的想像和此刻的真實就此連結。另一場在米蘭世博

觀察到全球人類對未來糧食的想像，「以色列館把水稻種在牆面上，美國把蔬菜種在牆上……。這一幕，後來也出現在《2049》。」

人類對未來生活的美好想像，變成一股使人們邁進的動力。「回台後，我就在想要嘗試新的製作，以華人為主軸，放眼未來生活，呈現進步的人文社會世界觀。」《2049》順此脈絡漸漸打磨而生。

科幻為場景，核心仍是人性

以華人生活樣態出發，湯昇榮和導演許立達與企畫團隊初期抓出幾種華人獨特樣貌的演變。「你覺得我們以後還會不會祭拜祖先？還會和家人一起過年嗎？還會吃年夜飯嗎？會發紅包嗎？三十年後，我們還是會算命嗎？」會變的、不會變的，團隊細微地建構未來生活的樣態。下一階段，更走進人心。他們想像，即便科技進步，人心依舊充滿慾望與痛苦，還可能因為科技的進步更彰顯人類心靈的空虛。

湯昇榮表示《2049》更想描述的是「人性」。「三十年後的科技，或許可以解決大部分人類身體的問題，基因工程也許能解決所有身體的病痛。但心理沒辦法，那是一個謎。」

朝著「心理需要紓解、溝通」的謎團前進，變成《2049》角色的重心。回

《2049》延伸動畫作品。

到劇情上處理科幻，也是為了和國際影視常見的科幻元素做出差異。湯昇榮指出台灣要拍攝科幻片的技術沒有問題。但要做到劇本仍有新鮮感，就會是個問題。「國外科幻片做很多了，冰冷的城市或荒廢的場景，高科技的戰爭或間諜戰，什麼類型都有了。要怎麼讓現在的觀眾看了有新鮮感？我們選擇回到生活與人們之間的關係。」

重點不在炫技的科幻場景，而是當某個科技產品或功能出現，對人類選擇所產生的價值觀震盪，人的處境是什麼？角色會如何抉擇？

建構未來的視覺與聽覺

除了劇情的討論，針對三十年後城市樣貌的呈現，團隊也做足功課。他們特地邀請未來趨勢專家，透過工作坊的遊戲發揮想像，建構出可能的未來生活。這些討論都成為戲劇推進的動力。

美術方面則選擇了重現並再創六〇年代的色調與服裝。湯昇榮分析，這樣的選擇是因為六〇年代阿姆斯壯登陸月球時所激起的全球對科幻的想像。「那個年代，所有拍攝未來的影視都很科幻，擁有流線感的漂亮線條等等。我們決定使用那個時代的元素，那種美學、服裝、色調與設計。」

視覺定調了，聽覺也不容馬虎。全劇的音樂都是搭配劇情量身打造。湯昇榮非常重視音樂打造場景年代感的能力，《2049》包含三組調性與風格截然不同的故事，也創作出三種不同風格的音樂——喜劇調性的《幸福話術》以爵士樂、鄉村風格與藍調搖滾，勾勒兩性關係有些喜劇及誇張的調性；黑色懸疑的《完美預測》以帶來穩重感的純弦樂進行配樂；推理懸疑的《刺蝟法則》則使用銅管樂混加電音，打造聲音的未來感。

《2049》的故事才剛剛開啟，如同湯昇榮的起心動念，他要做全球華人城市二〇四九年的生活樣貌。描述了台北的模樣，準備前往下一站。「這是一個ＩＰ，我拍完台北、台灣，接下來搞不好會是印尼雅加達、上海或紐西蘭，把我當年在《作客他鄉》看到的人再放回來。」

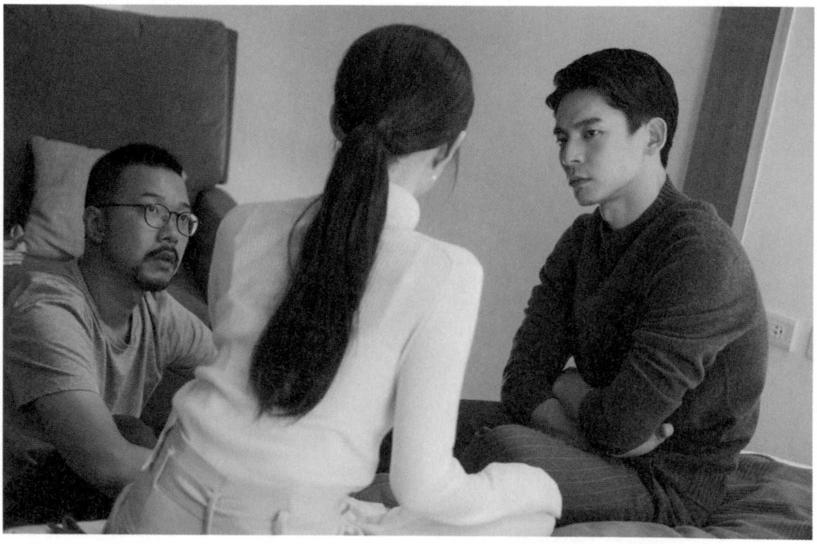

編劇 吳美枝

《2049》的元素定位：華人與人性

吳美枝進入《2049》劇組時，該劇的企畫已有了大抵方向，以華人文化為底探討人性。「我們都相信，無論未來科技多麼進步，人類仍然難以逃脫人性的枷鎖。」如果少了人性的弱點，例如貪婪、恐懼與懶惰，文明很難進展。「因為恐懼、想知道未來將如何，所以繼續研發算命的方法。當這個工具真的發明出來，它會反過來撼動人的價值體系、改變人和人之間的關係。」這也是《完美預測》的故事概念。

吳美枝分享，在討論《完美預測》時「大數據」很紅，夥伴提出可以把大數據的技術運用在「算命」。一開始，這個故事單純發生在一對情侶身上，當他們透過科技工具算命發現兩人可能有不好的未來時，他們的關係會產生什麼變化？「但隨著討論的繼續，好像劇情可以更黑色一點。從情侶關係轉到家庭。」故事延伸描述夫妻在算命後發現小孩會殺人，進而引發了婚姻危機。為什麼做了加入小孩並組成家庭關係的轉變？吳美枝就是想呈現「華人家庭」的樣貌。

「相較於西方人，我們華人是一個集體的社會，比較傾向功利主義。我們生小孩，有時不是為了這個生命，而是為了家庭或家族的利益。我們很好奇如果算命後知道孩子在未來只是麻煩時，我們會怎麼對待他？」吳美枝面對這個棘手的問題自己也沒有答

案。作為編劇，她試著拋出值得深思的問題。

另一個作品《幸福話術》處理的是親密關係。「發展過程的某個版本太辛辣情色，所以做了一些調整。」吳美枝笑說原本想要以元宇宙的概念呈現科技產品讓使用者在虛擬世界體驗性愛。「慾望」最後仍然在劇情中出現，但僅僅蜻蜓點水，點出人類對慾望的追求與回應的方法。「最後我們想到了『Stable』，這是一個溝通工具。相較於西方，華人比較內向而不擅於溝通。所以我們覺得在華人故事處理這種溝通議題會滿好玩的！」

編劇團隊拉出華人世界的「家庭價值」和「溝通方法」兩條軸線，以科技產品顯現角色間的衝突，而人性的真實將在衝突中誘發而出。「我在科幻片中嘗試想像未來的人類會如何思考事情？」吳美枝解釋，或許當人們身處於與現代不同的社會處境下，會衍生出一些現代人沒有的人性面貌。

撰寫未來世界考驗著編劇跳脫框架的能力，該如何寫出尚未發生的時空？以及人類在那般時空之下的處境又是如何？吳美枝認為要把角色寫得立體且具生命力，第一個功課就是要「誠實」。

「其實我滿相信所有人性都在我們的體內，不管是好的、壞的、自私的、寬容的、樂觀、悲觀、怯弱……。其實我們都有。每個人的體內都有很豐富的東西，只是我們會選擇其中一些成為我們想要的樣子。」吳美枝的意思是，編劇撰寫那好像不存在的角色時，必須誠實面對自己，面對那個或許自己已經具有的人性。

世界渴求更多故事

談到科幻片，讓人很快聯想到高額的製作預算。但吳美枝卻沒有太多這樣的感受，因為她在寫劇本的過程幾乎沒有聽到任何「這個拍不出來、不要寫。」的訊息。唯一一次，是《完美預測》的結局。男主角落水的那場戲，預算可能就要一百萬。製作團隊才詢問編劇有沒有調整空間。

「我嘗試調整，但真的沒有替代方案。一定要落水，只有在水裡才能創造出角色轉折所需要的時間和空間。所以最終我建議保留這場戲。結果湯哥非常阿莎力地說：『那就拍啊，花一百萬都要拍。』」

吳美枝非常珍惜，「在開發階段能擁有不被限制的編劇空間對編劇很重要，它可以幫助我們創造更多可能性。」唯有足夠開放的空間，故事才能有機會以新的樣貌誕生。吳美枝說當她發現常常有老電影重新上映，或是經典電影重拍，這似乎反映著：「整個世界都很渴求故事。這個世界需要更多故事。」

但是，即便聽到世界的渴望，故事卻總是供不應求，因為編劇的工作著實不容易。「難在對人性的理解，以及對自己的理解。再者，要有足以與外界溝通的能力。」身為編劇，從來不是自己寫稿就好，過程要過關斬將並與整個團隊一起合作，「這是很需要溝通的工作。」吳美枝說自己剛入行時，收到別人的評語總是萬箭穿心。現在雖然還是小傷神，不過已經能理性去思考「為什麼

別人會這樣想」了。所以，想要寫出一個好作品，首先要能夠面對劇本本身，也就是誠實面對自己，還要有足夠的溝通能力，最後，必須練就一顆很強的心臟。「這從來不是一件容易的事，要每天持續地修煉自我，才能做好這個工作。」

十年之後

試想十年之後，編劇這份職業最理想的工作樣貌，吳美枝還是回到自己身上。「我覺得當我們要求一份理想的工作時，必須先要求自己是理想的。自己是一個可以完成好東西的編劇，也才可以要求環境是理想的狀態。」

稍稍想像那份理想，吳美枝期待那是大家都可以互相尊重、想像力可以沒有天花板的樣貌。「所有人都可以敞開心門，沒有顧慮地溝通。」

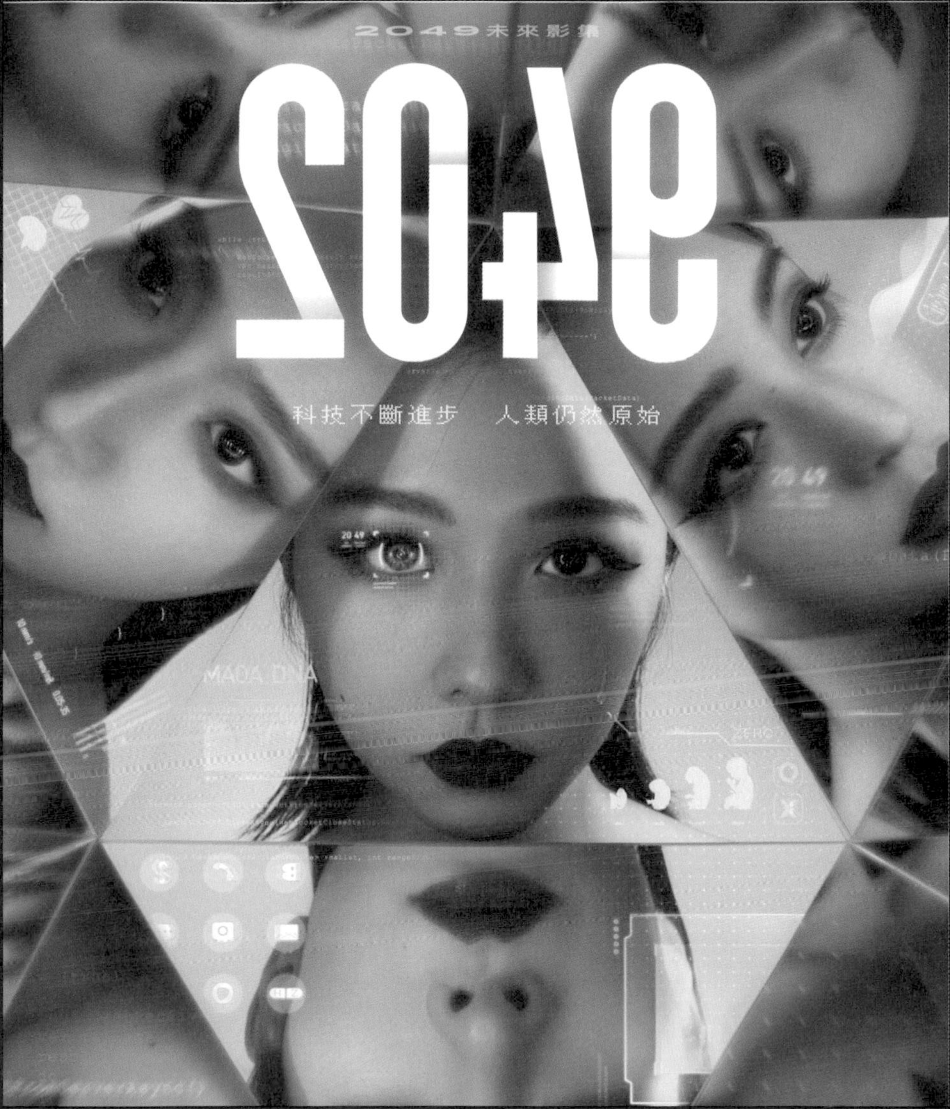
2049未來影集
2049
科技不斷進步　人類仍然原始

《火神的眼淚》，挑戰高難度特效

由公視與MyVideo共同投資、冬候鳥電影文化公司製作的《火神的眼淚》，是第一屆公視孵育計畫獲選的一齣職人劇作品，湯昇榮受導演兼編劇蔡銀娟、李志薔與公視之邀，擔任本劇的劇本孵育顧問以及製作人。這齣戲劇於二〇二一年五月播出後，除了收視率奪冠，在台灣各家平台也都獲得第一的好成績，以超過二十次第一的次數，改寫了《誰是被害者》在Netflix平台蟬聯第一名的紀錄，之後也售出東南亞與日本的播映權。

《火神的眼淚》描述四位消防隊員在救人、打火的背後，卻挽救不了自己的家庭、生活各種問題，除了大量難度極高的火效、特效之外，主角與配角等所有演員精彩的演出也在播出期間創下高度的網路聲量。

「刁民」的設計、上山下水救火等各種救難的場面，揭露了台灣消防體系的問題，流暢的敘事觀點獲得大眾的喜愛，也為台灣再開創了一齣獨特的經典戲劇，電影導演蔡銀娟與影視導演李志薔也成為受到高度矚目的製作夫妻檔。湯昇榮的經驗與判斷，讓製作人引導下的電視影集，從概念、劇本、風格、技術、行銷領域再度成功提升。

《火神的眼淚》

Tears on Fire

迷你影集

播出時間 2021.5.1-5.29 ｜ 10 集，每集 48 分鐘

導演 蔡銀娟｜**編劇** 蔡銀娟、李志薔、曾群芳

製作人 湯昇榮、李志薔｜**監製** 於蓓華、李芃君

製作公司 冬候鳥電影文化事業有限公司

主演 温昇豪、陳庭妮、林柏宏、劉冠廷

預算 新台幣 9400 萬元

《茶金》，回頭尋找自己的路

「Golden Grass」是瀚草劇種分類之一，也就是「經典」。而《茶金》絕對是這個類型的代表作。「這個作品，湯總費盡心力，對我們來講也是一個很大的冒險，新的冒險。」曾瀚賢說《茶金》是湯昇榮非常投入的作品，或許因為客家人血緣的使命感、因為題材、因為它的高難度，瀚草影視又轉了一個風格，朝「時代劇」拓荒而去。

《茶金》描述一九五〇年代，政治經濟風雨飄搖中，台灣茶葉商人的商戰。女主角張薏心（連俞涵飾）作為有錢人家的大小姐，在沒有女商人的時代，挽救債台高築的家族事業，將台灣的茶葉送上世界的舞台。

「那個時代的台灣相當國際化，跟印度做生意、跟美國與英國有往來。」曾瀚賢說似乎有一段時間，台灣被國際忽略，而島上的人們也因為忙碌而沒有時間去問自己是什麼樣子、過去又經歷了些什麼。「現在，大家又把目光放回這塊土地，再次投入關注。」

二〇二一年，時代劇、歷史劇一一出現，細數一下就有《天橋上的魔術師》、《斯卡羅》、《華燈初上》，以及《茶金》。「在感覺局勢瞬息萬變時，人們往往會回頭找一些線索，會終於問自己從哪裡來？我覺得在這個回頭望的過程中，《茶金》是一個代表。」曾瀚賢相信，把《茶金》放在「經典」類別，實至名歸。

使命感與挑戰

湯昇榮站在製作人與公司主管的立場，很清楚自己想要做的是瀚草品牌製作能量的躍進。「我思考前瞻性、發展性，以及希望做的每一個價值都可以回到瀚草這個品牌。」他明白時代劇的難度，但並不知難而退，反而是有意識地拉著影視產業的各個面向一起去嘗試。「從製片方法、美術、動畫、攝影技巧，挑戰一個新的題目時，整個產業都一起成長。」湯昇榮做沒做過的事，不只是要挑戰自己，也是要和整個產業一起累積經驗。

站在一個歷史愛好者的角度，他有感而發：「這

部戲，我是想要獻給台灣商人的。」劇組發現影視作品鮮少描述一九五〇年代的上流社會與一般庶民生活，在變動流離的大時代下，小人物的生命總是被國際情勢大浪攪動，湯昇榮非常有感，「現在也是如此，台商在國際上隻身奮鬥，很多辛苦。這個題材對我而言是向台商致敬的概念。」

最後的一份使命感，則源自於客家人的血液。過去湯昇榮在客家電視台做過許多節目，他很清楚客家一直都不在主流的線上，大眾聽到「客家」就會覺得它有一種政治、文化的重量感，很難以輕鬆的姿態打入生活之中。「但《茶金》剛好面臨OTT崛起的時代，語言的隔閡已經被平台的收視習慣打破了。這部作品絕對可以把『客家人文』推進到一個新的高度。」

「做了這麼多年的影視作品，你當然會期待作品擲地有聲，但我更希望它可以真正幫助產業、幫助環境、幫助社會，讓我們的族群樣貌清楚起來。這是我對《茶金》的期許。」

《茶金》是獻給台灣商人的作品。

湯昇榮對拍攝時代劇懷抱高度熱情，一面深入歷史、與學者們討教，並進行各種田野調查與實際踏查，另一方面則覺得時代劇是非常有「原創感」的劇種，「因為你什麼都沒有，沒有那個年代的人、那個年代的街景……，一切都要從零開始形塑。」從人物造型到當時的生活樣態，都是劇組可以發揮創造的空間。湯昇榮形容整個劇情的元素是一邊研究，一邊加疊。

他們發現台灣那個年代的商業與英國、非洲都有往來，因此加上國際場景；又發現當時的仕紳到台北會去永樂戲院看京劇，角色也就加入京劇名伶。劇中也看到美商的許多洋行在台灣留下來的痕跡……，這些都是重要題材。一部戲從新竹北埔茶葉出發，一塊一塊地往外擴，找到周邊的故事加入。

有了時代感的原創空間，劇情的走向又須另外琢磨。「我們走女性視角、講女性的故事，最直接的考量仍然是市場。」但《茶金》很明確不以男、女主

角的感情為主線。「其實薏心和KK是止乎於禮的情感。他們之間是互相照顧，是友誼，是仰慕。」這是刻意安排，不做過去做過的事。湯昇榮表示，「我們一開始思考時代劇，就把過去的時代劇都攤開來看，哪些元素是以前常常在玩的，那我們就不做。」大時代愛情的糾葛、磅礡的情感，是時代劇習慣操作的題材，湯昇榮希望《茶金》能帶來另外一種鮮活的風貌。

在一開始定調風格時，湯昇榮給團隊看了幾個作品：《狄金森》以饒舌元素包裝美國百年女詩人艾蜜莉・狄金森（Emily Dickinson）的故事，《唐頓莊園》描述一個大家族的複雜故事線，卻能展開輕盈的故事節奏，「這部劇很厲害的是它帶來一種小說敘事體，很多情節都是點到就走、點到就走，讓觀眾在人物的新鮮感裡跟著走。」還有《王冠》、《夜班經理》。這些國外劇集都成為《茶金》的定調參考。「我們希望這個作品是有寫實感、有一點古典，節奏相當明快，充滿新鮮氣息的劇種樣態。」

湯昇榮認為OTT時代證明了一件事：「好的內

容，不受語言的干擾限制。」現代人的收視習慣關注在好的故事情節、藝術價值或技術的優劣，語言不是隔閡，反而是一種獨特性。韓國的影視作品受到全球的肯定，連帶全世界學習韓語人口激增，這正是明顯的證據。「他們證明，一個地方是可以用自己的獨特文化征服世界的。」

湯昇榮相信，未來的影視產業會越來越尊重地區的獨特性。「我一直很著迷台灣特色的一些題目，這些題目可透過說故事的方法、製作高品質的作品，帶台灣走出去。」

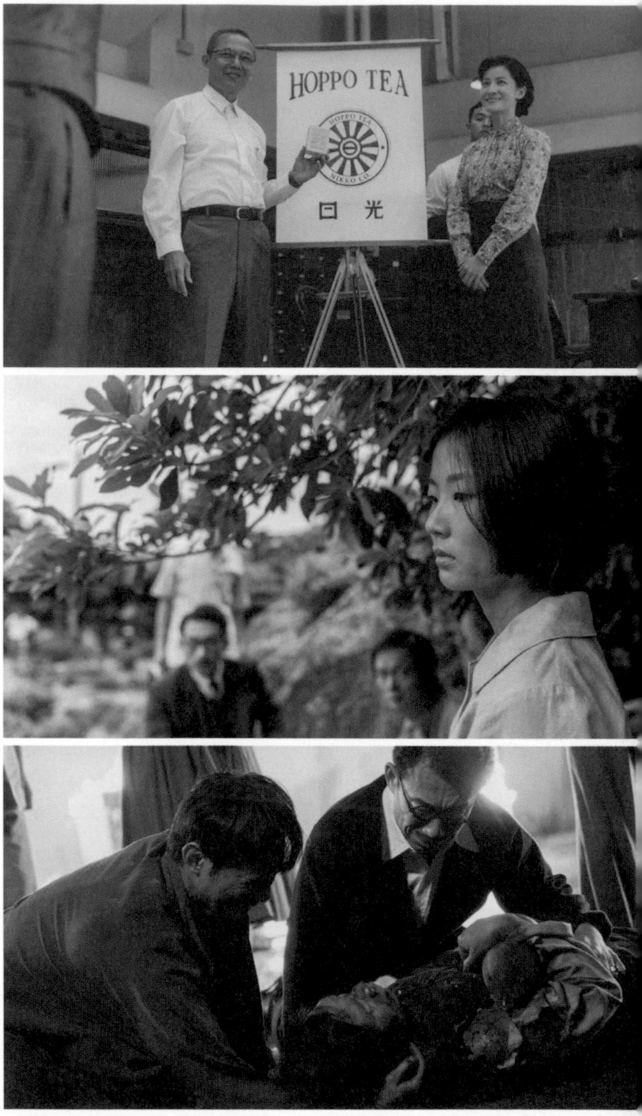

《茶金》從新竹北埔出發，不斷外擴，加入周邊的故事。

音樂的魔法

音樂的定位是時代劇重要的環節，《茶金》的四首歌曲與全劇的配樂，都是湯昇榮與音樂家柯智豪順著劇情、歷史脈絡與角色情感變化，一點一滴貼合量身打造出來的，「我們期待音樂可以讓觀眾沉浸於劇中的世界裡。」

湯昇榮從小生活在一個視覺聽覺精彩多元的環境，語言文化的交錯豐富他見怪不怪。而在大稻埕成長的柯智豪，是對古今中外音樂都有涉獵的奇才，兩人攜手將《茶金》的音樂往更寬廣的面向展開，帶出一種古典卻充滿新意的深刻經典質地。

古典與現代交融出深刻的《茶金》。

《茶金》為台劇帶出新意，在 Netflix 上收獲當期收視冠軍。

「我們有先想到要找吹管樂器，尤其是比較古典的樂器，像豎琴、黑管、手風琴，柯智豪也帶來一些竹擊、敲擊的聲音。」客家庄的山歌、京劇的胡琴、南腔北調的聲音都沒有放過。音樂不只是背景，也成為推動《茶金》劇情的催化劑。

「女主角在心情不好的時候就會去彈鋼琴，她一彈，全村的人都停下來聽。你能想像在那個年代，古典樂就用這種方式進入常民的生活。」還有劇中安排的閩南傳統大戲、永樂戲院的京劇、美軍俱樂部的爵士樂曲。這些細膩的聲音，都是引導觀眾進入時代情境的關鍵。

主題曲找來魏如萱演唱〈查有此人〉，輕柔動人，哀而不傷。「娃娃（魏如萱）是客家人，她過去的作品也時常展現語言的豐富度。我們希望這首歌是溫柔的，善感但不會太難過。」湯昇榮還找來王若琳演繹一九四九年美國《告示牌》雜誌冠軍歌曲〈You breaking my heart〉，「我想像，或許那個年代的美軍俱樂部就放過這首暢銷歌曲也不一定。」湯昇榮希望王若琳詮釋，結果王若琳一聽到這首歌就被琴聲與旋律吸引，特別飛往美國錄音，並且與匈牙利的交響樂團合作，為這首歌曲帶來全新的樣貌。

還有金曲樂團春麵樂隊打造的〈金金〉、彭佳慧演唱的〈詩的第一行〉，把客家語言的旋律帶進戲劇中，讓觀眾把難忘動人的插曲和劇情帶來的情感雜揉合一，成功地營造層次豐沛的帶入感。

《茶金》的成果斐然，在七個平台成為當期收視之冠，被稱為是二〇二一年最高質感的台劇，刷新台灣時代劇的新樣貌，也讓台灣人再次凝視腳下這塊土地發生的故事。顯然，底層的人物、細微的情感，點滴累積，都是我們現在樣貌的構成元素。

製作人 徐青雲

《茶金》的故事原型是新竹北埔知名茶商姜阿新的故事，七十年前的台灣是什麼樣貌，好像遙遠得難以拼湊，但一手促成《茶金》的製作人徐青雲卻以令人難以想像的堅持力，處理所有關於時代與客家的細節，絲毫不放過自己，而跟她同樣有這股無堅不摧續航力的另一位製作人，正是瀚草影視的湯昇榮。

「我沒有考慮別的人選，第一個就想找湯哥。」徐青雲和湯昇榮是老戰友，他們曾經一起在客家電視台打下一片天，分別擔任台長與副台長的角色，有長達七年的工作默契，徐青雲說她很相信湯昇榮絕對會把《茶金》執行到她想像不到的高度。

「我們兩人其實很不像，甚至是很互補的個性。但是在過去七年，三百六十五天幾乎很少休假的工作過程中，我看到我們很像的地方——就是我們對一些事物都是不到最後一刻，絕對不放棄。」除此之外，對客家文化的情感認同與熟悉，也是徐青雲認為他們可以克服困難的強大動能。《茶金》會打出徐青雲加湯

《茶金》演員與姜家子孫們合影於洋樓。

昇榮雙製作人的漂亮牌面，因著他們對彼此的熟悉與信任，但也顯示這部戲製作難度之高。

兩個難度

難度一是他們很熟悉的範圍，也就是「客家文化」的掌握度。《茶金》有三分之一的經費來自客家委員會，也因此客家元素必須被擺在相對清楚的位置。「有一些細節，如果是其他團隊，可能就放掉了，但我們團隊做到現在（不敢說是最好，對我來說從來就沒有最好的）可是盡了最大的努力，每一個小細節都是如此。」徐青雲謙虛同時也驕傲，因為他們的付出很踏實，每一步都顯現在作品成果上。

譬如吃飯，在《茶金》中，吃飯的場景是有細節安排的。例如走進三合院的廚房會先向灶神點香，在客家庄與人相逢絕對是問：「吃飽嗎？」因為客家人多以務農為主，勞動量大，飽足這件事也就變得非常重要。「所以，我們早上吃飯，沒有在吃稀飯。」劇中也看到主角家裡是分桌吃飯的，男生一桌、女生一桌，「傳統客家人的觀念中，女性是很少上桌吃飯的。」徐青雲說這些小細節，打從一開始就放進劇本中。

在劇本端花了幾乎一年半的時間，力求細節、精準，目標是不要在製作期間因為設想不周而有太多的更動。「我們知道拍攝團隊不會有很多客家人，就算有，也是年輕人，他們與客家文化的距離更遠。所以我們在劇本端就盡可能給詳細的東西，讓後段的製作可以參考跟感受，提早開始思考。」徐青雲與湯昇榮最初就抱持一個希望，在一開頭一起縝密、有策略地寫劇本，試圖讓劇本提升它的可拍性，再透過綿密的討論，確認整體企畫的概念，讓實際拍攝的可執行度接近精準。

第二個難度也很顯而易見——語言。「我們真的在挑戰自己，也在為難自己，最明顯的就是我們講客語，而且還做『海陸腔』。」在台灣只有三成的客家人講海陸腔，而海陸腔又相對是更難學習的語言，這是過去客台也沒有執行過的挑戰。「但是，《茶金》卻是過去所有我們做過的客家戲劇中，客語比例最高的作品。」

在拍攝過程中，一直都有客語老師在旁跟著演員一字一句地確認語言的正確性。「但這真的很難，對演員來說，他們時常不清楚自己到底講得對還是錯。」當一場戲的表演到位，導演、演員都同意那個當下已經發揮到最極致了，可是語言卻出現破綻——徐青雲仍然沒有放棄。「我們在後製修、改、調整，沒有放過更好的可能。」

徐青雲說，在製作前期某一次的田野調查時，她及湯昇榮與一行工作夥伴窩在辦公室內燒腦。「突然湯

哥抬頭看了看大家說：『你有沒有覺得我們這樣很像在客台？』」雖然已經離開客家電視台許多年，徐青雲說：「我們工作的氛圍就像家人，這樣的工作模式對《茶金》是有幫助的。」或許因為身分上的認同，族群媒體工作者的血液似乎更燙。

墊高一點點

徐青雲印象很深刻，當時她拿著《茶金》的企畫到客家委員會提案時，她說：「我不要再做晴耕雨讀的故事，我也不要做產業題材。」過去在客台，因為時代環境因素的不同，客家文化介紹給大眾時有它必經的過程與節奏，「剛開始大家都還不認識客家，我有很多跟土地相關的元素可以做：生活、庶民、產業。」這算是介紹一個文化的基礎。「但今天我們有高一點點的規格，可不可以將過去在客台吸收的養分，把整個格局再往上墊一點點？」徐青雲回溯客家電視台於二〇〇三年成立至今，走過了十八年，幾乎是一個孩子成年的年紀。在現在的環境下，再來製作客家戲

時，徐青雲希望可以展現一個有別於以往的生活樣貌。

「不再是晴耕雨讀，但還是有知書達禮，可以把商業、政經社會的樣貌，在一個大時代下展現出來。我想讓大家看到，這個族群也曾經參與過台灣歷史中很重要的部分。」開發出新題材、不複製過去做過的事，並且讓客家文化的足跡以新穎的角度被看見的目標果然實現。

在《茶金》，觀眾會聽到海陸腔客語的優美韻律，看到客家文化中這個族群的特性與生活細節，有底層，同時也有少見的仕紳階層，有屬於他們的美麗與優雅，也有屬於他們的富足與驕傲。

過去的種種都影響現在

「我自己是一個非常喜歡歷史的人。」過去在客台，徐青雲就給自己一個期許，每一年要有一檔時代劇。「我覺得我們每一個台灣人，包含我，都對這塊土地的過去不夠瞭解。」對徐青雲而言，影視作品是和大眾對話溝通最容易的方式，因此，透過戲劇把生硬、難以親近的歷史轉化成故事、角色，傳達給觀眾，或許是《茶金》的天命。

「想像一下，一九五〇年的台灣是什麼樣子？」日本人剛剛撤離，國民政府已經撤退來台，並且將台灣當作反攻的基地。在那個動盪的時代，有一些人因為戰爭、通貨膨脹，獲取了利益。「所以台灣的茶為什麼可以叫做『茶金』？其實也是在二戰之後的某種因緣際會，有一個機會把台灣茶輸出到英國、美國。」這是茶葉在七十年前風光的歷

過去的種種都影響現在，劇中吉桑和小吉這對父女檔呈現了時代交替中，兩方看待彼此的複雜情感。

史，只是鮮為人知。

「我們一直在想，要把歷史以戲劇比較優勢的部分，讓觀眾感受到那個曾經是我們走過的年代。七十年前發生的事情，不可能跟現在的我們一點關係都沒有。」徐青雲與編劇團隊一起在架構劇本時，花了非常大的力氣田野調查、訪談，想方設法地爬梳各種資料，把重要的歷史關鍵編進故事之中，成為劇情或角色。

「我常常說，我們做很多時代劇，其實就是在做很多台灣斷代史的整理。」七十年前的歷史爬梳、客家環境的建構、場景恢復與有限預算中的種種難關通通得面對，徐青雲從來沒有覺得過不去，反而想繼續挑戰。「因為我很不容易滿足，我會不斷挑戰，所以我就會一直為難我自己。」

「我的想法是：拍不了吧？」《茶金》導演林君陽坦言接到瀚草影視邀請時，他思考《茶金》的內容與形式後，打下大大的問號。

曾經參與王童導演的《風中家族》，擔任攝影師的他，沒忘記要拍攝一部時代影視作品的困難度有多高。《風中家族》同樣在描述一九五〇年代，撤退到台灣後那一輩老兵的掙扎、在這塊土地落地生根的過程。「那是我第一次參與的上億成本製作的電影，作為攝影師，我對一些場面有所期待。」但是時代劇，就是將時代背景拉至已然消失的過去，因此所有的場景都不會存在在當代世界中，必須製作出來。

「我記得，有一場戲寫台北舊書報街，故事裡寫的是一整條街，我們也如此期待。但是到陳設現場發現，那只有自己想像中的四分之一，甚至有些場景只是半面牆，但是我們必須拍掉。」林君陽懷著這樣的經驗，直指在台灣影視產業的現況下，要拍攝時代劇是一件非常困難的事。「台灣的過去，其實很難在當

代被重視，這是一個大關卡。」

他也思考過用現代的數位技術解除無景可拍的門檻，「那又是另外一門學問，如果真的要做到寫實，可能會更貴。」因為歷經過《風中家族》的殘念，林君陽說自己在最初看《茶金》時，有很多的「不知道該如何是好」。

除了現實考量，另外一個門檻，則是內心層面——「客家這件事情，對我來說是有點距離的。」閩南族群的林君陽懷著困惑：若不是客家人、不懂客語的自己，要去指導一部客語戲，可以做到嗎？「我可以理解，會找非客語族群的我指導客家戲，背後的脈絡是不希望一部作品被鎖在客家族群裡面自言自語。」從製作團隊開始，把不同觀點融入作品，林君陽很理解也很認同。但他坦言，畢竟客語對他就是隔了一層距離，就像是霧裡看花，「就是，遠遠地看很美，但對我來說，不太容易找到一個進入故事的觀點……。」

先找到漂亮的錨點

對林君陽而言，要投身一部作品，尤其是導演的角色，他必須很清楚找到錨點——「錨點」是他慣用的詞彙。有了「錨點」才能鎖定目標，下沉，勾住，定錨故事，在那裡撒網與收獲。而後來，他也找到了可以進入《茶金》的漂亮錨點。

「其實我這輩子第一個寫的劇本，是講二二八事件。」大二那年一堂編劇課上，林君陽以一些對爺爺輩時代的殘存記憶與大量的好奇，寫下人生第一個劇本。他說當時知道這只是一個作業，不可能會拍成，「但對我來說，還是有想過這輩子如果能把這故事拍出來，就好了。」沒想到這份作業在多年後竟然碰上了機會。

林君陽爺爺的家世很好，他到日本念早稻田大學，非常風光，當時家裡有整套的大英百科全書，「爺爺讀英文、寫日文，在我的記憶中，他很常在書桌前研究學問。」對林君陽而言，那是一個受日本教育的菁英形象。

「但我依稀記得，小時候，如果我們要出國旅遊，爺爺就是絕對不出門的那一個。小學的時候我們去日本、去美國，他都不去。後來我輾轉聽到一個說法，好像是他覺得自己的名字可能在黑名單上，如果出國，可能會回不來……。」

林君陽對爺爺那一輩發生的事有諸多問號，「我家不是受難家屬，也沒有遭受白色恐怖。但為什麼爺爺會這麼害怕，似乎也有跡可循。」爬梳資料後，林君陽發現在差不多的年代裡，許多望族、有錢人家，都不約而同地在四〇、五〇年代家道中落。而《茶金》便訴說著同樣的過程——「這似乎成為一個集體記憶，每個家族可能都有過類似的經驗，開啟了我很想要理解的動力。」

解決了進入故事的門檻，林君陽找到自己的觀點、說故事的角度，但拍攝「資源」的困境呢？

「我想，反正湯哥在嘛！」林君陽忍不住笑，但又十分肯定這個事實。林君陽先確認了製作人湯昇榮重視也在意這部作品，確認他的野心和初衷有多麼強烈後，「我覺得，我可以依賴他往前衝。湯哥不是那種我遇到困難的時候，會拉著我說：『唉喲，不要再花錢了，想辦法省下來，簡單拍掉吧』的製作人。」這點，林君陽很肯定。從《我們與惡的距離》一路走來，林君陽見識到湯昇榮是不會輕易妥協的製作人。

「我覺得他很複雜。」林君陽分析，作為一名製作人湯昇榮很「無私」。在工作經驗中比較常遇見偏商業導向的製作人，「商人是沒有問題的，你清楚你的初衷就好了。」這樣的人會把目標看向收益，也因此在預算的掌握上相當精確，當歧異點出現，往降低預算方向去就對了。「但湯哥的性格很明確，他很不商人，我覺得他根本不是商人，雖然他手下要經手這麼多的數字。」

並不是每一個製作人都會有一些初心想望，與想要做出來的故事。但是湯昇榮有，《茶金》就是一個。「這個拍攝團隊讓我相信我們應該有機會，可以一起把這件高難度的製作做出來，我這樣相信。」

《茶金》時代的樣貌

《茶金》的時代是空的，沒有文本，七十年前的樣貌散落在各種資料之中。林君陽先抓住幾根浮木：原

型人物姜阿新、北埔洋樓、茶廠。

林君陽很快就動身去看了洋樓。「洋樓很扎實地在那裡，所有細節都很華麗，都如同七十年前剛剛建立起來的樣子。」他說洋樓對他確實是很重要的元素，一切都從這棟建築物開展而出。「我們就算沒有外面的所有東西，至少有這棟洋樓。」抓到了一根穩固的浮木，他們開始鑽進細節裡，找尋重建歷史的蛛絲馬跡。從建材、結構方式、雕畫，一點一滴地想像並形塑《茶金》的樣貌。

第二根浮木是「茶廠」。「一九四〇、五〇年代的茶廠，對我來說是遙遠的。」林君陽一開始很忐忑，擔心根本找不到可以拍攝的地點，直到找到大溪老茶廠和日月茶廠。這兩間茶廠的歷史背景和《茶金》的設定相當吻合，在荒廢後，已經被重新翻修，而現在正在營運中。有了這兩根浮木，林君陽越來越肯定有機會創造出一九五〇年代的時空。

在拍攝過程中，讓林君陽最害怕的事情是拍攝地點的破碎化。

為了求得最合適的拍攝場景，以實景拍攝時，每

一個拍攝地點就可能散在台灣各個角落。《茶金》就是一個環島拍攝的血淋淋案例。「所有場景都破碎、散布得很遙遠。」一下子在桃園大溪，一下子在台北、南投、花蓮、屏東。

使用古蹟作為拍攝場景的壓力也很大，不能任意搬移、修改、碰觸，也必須尊重各個地點的專業和規則。林君陽以「有機茶」為例。

「我們拍攝茶廠、茶葉的製作，想當然會有製茶的過程：要讓機器動起來、放茶葉進去。就拍攝而言，可以用道具茶葉吧？可能用樹葉也沒關係，因為茶葉滿貴的。」卻遭到茶廠的拒絕，因為這些茶廠都在正式營運的空間，不能讓機器沾染非茶葉的氣味。「我們理解，所以我們買茶葉，但可以買便宜一點的吧——結果不行。」因為茶廠的茶葉都是有機茶，不可以混到其他種茶葉。意思是，要使用這座茶廠的機台，拍攝製茶的戲，就要如記錄片般寫實，使用高價格的有機茶葉。

「我們精算要使用在畫面上的茶葉面積，美術組漏夜到南投山裡採新鮮的有機茶葉，隔天送到片場使用。」林君陽回想起來笑得很大聲，但完全可以想見當時有多麼痛苦。而這也只是一個很小的細節、很小的例子。

破碎的拍攝場景，還有一個心理上的大壓力，那就是每一個場景都得一口氣拍完，當劇組離開這個場景，就代表所有關於這個空間的戲已經全部拍完了，不得重來。「我們沒有主景，一旦到了這個地方，離開後就再也不會回來了。我要非常確定在這裡拍到的戲是完整的。」林君陽說這本身不是難事，有完整的劇本，以經驗去判斷不應該掉場、也沒有容許意外的可能。

場景、服裝、道具……，是拍時代劇的莫大考驗。

「可是百密一疏難免。拍戲是很有機的過程，每一個環節都跟人有關係。」他舉了一場女主角懷著濃厚的情緒，要從茶廠衝到辦公室找爸爸說話的戲為例，「從茶廠，上一個樓梯，轉進爸爸的辦公室，不過幾秒鐘的戲，事實上我們已經從南投、大溪到花蓮了。」拆開來拍攝，非常考驗演員和導演調配情緒的連貫性，「我們基本上就是一直在瞬間移動。拍砸了就是拍砸了。」

我們與客語的距離

「說客語和觀眾有距離，我其實覺得那個遙遠的隔閡，並不真的存在。」林君陽說當觀眾愛看韓劇、日劇時，語言不是問題，回到客語，問題會出現嗎？他認為語言不是問題，聽不懂的語境反而能創造距離的美感，「當有一些文字、表述方式，你不完全懂，反而會有自己填充想像的空間。」尤其這次又使用海陸腔客語，林君陽說海陸腔充滿優美的韻律，更悅耳。

「其實某種程度上，《茶金》有被客語拯救到。」

林君陽說七十年前的人怎麼講話，真的難以想像，只能推論口音應該會和現代有落差，過去的時代劇在國語的處理上會加上鄉音、腔調，台語的處理可能會混雜一些外省話。「可是怎麼說這兩種現代的主要語言，就容易被熟悉的大眾挑剔。但是客語不會。」

《茶金》反而因為不被大眾所熟悉的語境，順利地把大家帶進一個誰也沒有進去過的時空。「因為那是一個全新的體驗，反而變得擁有揮灑的空間。」

但有好處亦有缺失，演員要用不熟悉的語言演戲，導演要用不熟悉的語言導戲，中間的距離又變成難題。當使用熟悉的語言，演員之間有機會在現場隨著語言的抑揚頓挫，傳達細膩的情緒，也能順著當下的反應調整戲劇，甚至在剪接時挑出更好的訊息。但是《茶金》裡的語言相對缺乏調整的彈性。

這項難度不只是演員要有客語的訓練，要把台詞背熟，而是語調、斷句上面很細節的變化。「所以，作為導演，我必須回到預先的設計，在分鏡處理戲的過程要很清楚。」演員常常沒有直覺可以依靠，一切都要精細地計算與練習。「演員常常聽不太懂他說的對不對，即使每一天拍攝前，他們都是沒有睡覺地在背台詞。」

有點像宮崎駿吧

推算起來，經歷過七十年前台灣樣貌的人，現在

光是正確說出客語台詞，對很多演員都是困難的挑戰。

也都高齡九十了，那個年代對於大多數人而言，是模糊且遙遠的。從人、建築到物件，許多痕跡都已消失不見。「也因此，我們的自由度比較高，其實我們是在重塑一個想像中的一九五〇年代。」林君陽在看似困窘的歷史資源中，打開更自由彈性的可能。

回去看從前描述台灣四〇、五〇年代的作品，大多是草根庶民、中下階層，或是撤退來台老兵的故事。但沒有作品呈現當時的上流階層、有錢人家是如何過日子的。

林君陽表示戲劇並不是科普節目，如果在觀賞時代劇的時候，觀眾會想要去抓哪件衣服的細節錯了、哪句話的口音用字錯了，他覺得引起討論很好，但這並非戲劇作品要負責的主要面向。「當然我們用盡力氣地考據，但我們並不會因此而恐懼。」製作《茶金》像是在捏塑一個文化可能的樣貌，「它可能比原本更美好，或是不及原貌，但這對我而言都是不可考的。」而時代劇的魅力也在此嶄露。

回到林君陽的初心，仍然是那一句疑問：「為什麼那個時代有很多家族最後都不見了？」《茶金》對林

導演林君陽：「其實我們是在重塑一個想像中的 1950 年代。」

君陽來說，是一個大群戲，從大女主角的角度，看到的是一位女性覺醒的過程，但最終作品要呈現的是一個大時代下每一個小角色的樣貌，這一切又如何歷經土崩瓦解，重新變成台灣現代的樣貌。

「每一個角色都是某一種台灣人的樣子，都是形塑現在台灣的某一部分。」林君陽想把大時代動盪的過程，用一種沒有人看過的角度詮釋出來。「歷史課本頂多兩句話，或是一個章節就過去了。可是在那個時代生存過的幾百萬人、上千萬人，他們各自有各自的故事吧？」

「時代就像海浪，所有人都在海中載浮載沉，有些人沖上了岸，有些人沉沒在海中，也有些人一直在浪頭上。這是一個大時代裡，泅水泳渡的小人物們的故事。」是林君陽想在《茶金》中呈現的樣貌。但手法上，他必須讓這個故事漂亮、好看。

他說希望觀眾以悠哉的心情觀看這部作品，看完後會感覺賞心悅目，有一些好笑的、歡樂的事，荒謬的片刻、感傷的片刻。「有些讓你想起你的家族、家中的老人家……，像我就一直覺得女主角很像我奶

奶，她好有我奶奶的風範。」林君陽期待觀眾可以感受到：是的，我們上一世代的長輩曾經走過那樣的歲月。

「說出來有點高攀，可是我現在看《茶金》，其實很有宮崎駿的風格。」洋和混雜，說是復古又說不出是復哪一種古。漂亮精緻的畫面、各種文化的重疊，都是在重塑一個不為人所熟悉的世界，但那個世界又和真實世界有著千絲萬縷的關聯——「那個世界，是我們期待的某種美好吧！」

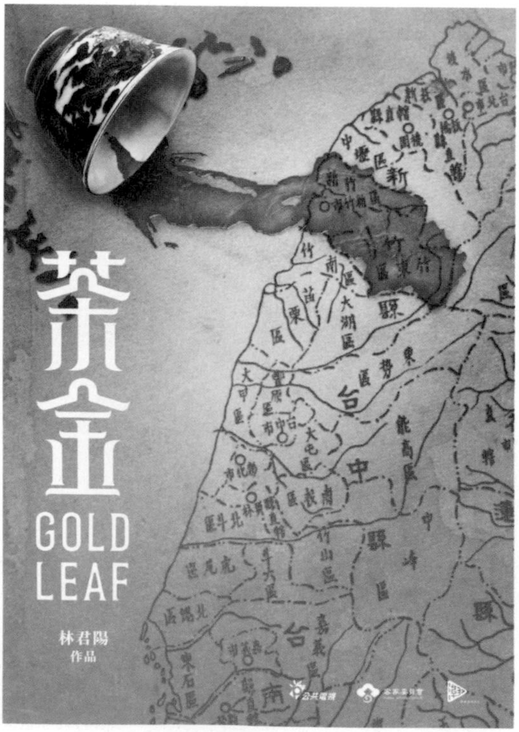

《茶金》

Gold Leaf

迷你影集

播出時間 2021.11.13 ｜ 12 集，每集 50-60 分鐘
導演 林君陽｜**編劇** 徐彥萍 黃國華
製作人 徐青雲、湯昇榮｜**共同製作** 羅亦娌
製作公司 瀚草影視、公共電視｜**出品方** 客家委員會、公共電視
主演 連俞涵、郭子乾、温昇豪、薛仕凌
單集預算 新台幣 900 萬元

生態圈。關鍵字

瀚草影視從二〇〇八年成立至今，核心目標一直很清晰——培育「生態圈」。

曾瀚賢、湯昇榮爬梳這些年的影視作品，有過失誤或低潮，也有相當豐富的累積和成長，並漸漸釐清幾個方向，建構出現在瀚草型態的關鍵字，分別是「平台思維、培育計畫、Showrunner、類型建置，以及進軍國際」，這五個詞彙環環相扣，就像空氣、陽光、水與土壤一般，產生正向循環，讓生態圈得以永續而成立。

合力打造生態圈基地的瀚草夥伴們。

平台思維

有過豐富電視台經驗的湯昇榮，最初踏入瀚草就在溝通一個觀念：經營一間製作公司，不能只想著要做內容，必須把平台的觀念帶入，全面開展內容前端的開發到後端行銷，以及整體的品牌操作。

「一個平台會思考行銷，即如何把一部作品做到最高的延續性。」湯昇榮帶著這個思維首先就要追求行銷操作，過去在一個製作團隊裡有自己的行銷團隊並不常見，湯昇榮說早期作品的行銷全由電視台決定，不會有製作公司想到要幫自己的戲做行銷。他坦言過去的習慣就是發新聞稿，外加兩名明星的私事八卦，每部作品的行銷階段都一樣。

「但製作公司很清楚自己的內容，知道作品的核心是什麼，因此真正知道要怎麼賣的不一定是電視台，恐怕是我們。」電視台能夠參與的製作過程不比製作團隊，在行銷思考上會有極限與盲點，所以瀚草成立內部行銷團隊，從頭到尾蒐集最合適的行銷素材，為每一部作品量身打造行銷波段。

平台思維也包含ＩＰ的開發延伸，以及「子品牌」的成立，如「紅衣小女孩股份有限公司」就是如此推進而成的案例之一。

培育計畫

人才的累積，是瀚草影視的核心之一，最初曾瀚賢就是感嘆影視產業留不住人才，無法累積經驗讓作品有更好的表現，才決心打造瀚草，使小草有成長的基地。

因此，不論是成立英雄旅程有限股份公司、做故事開發、培育編劇，或是展開「野草計畫」，都是在孕育這一塊影視人才的田地。

此外，瀚草也很樂於發掘新人，從編劇、導演到演員，在組成團隊時，他們思考的是放對位置、發揮長才，而不是哪個導演或演員能作為票房保證。

在培育思維上，瀚草影視有一個特色，就是「合作」。例如，在辦理培育編劇的「野草計畫」時，他們除了安排課程，更是把重頭戲放在媒合故事與投資者。過去編劇的作品要被看到，路徑不多，大多是寫好一個故事後參加比賽，必須得獎然後才有機會被製作端讀到，並被動地等待製作端敲門。

「台灣影視在產業階段很難讓編劇健康誕生。」湯

昇榮有感於編劇的能量無從被看見，在野草計畫的最後階段，瀚草邀請各投資方參與，投資平台、製作團隊、電視台，通通共襄盛舉。瀚草不怕好故事被別人拿走，他們只怕好故事被闔在書頁內沒被看見。

「我們設置了一個平台獎，意思是各個平台單位可以選自己喜歡的故事，給編劇一點鼓勵。」湯昇榮說在這個過程，有投資方、導演、製作團隊直接和編劇討論故事，說故事就不會只是編劇躲在房間裡的事，是可以更靠近現實，更貼近觀眾，並且朝向更靠近實踐、拍成作品的機會。

Showrunner

一個劇組以導演為主導決策者的「導演制」是台灣較為熟悉的環境，以「製作人」為核心的製作人制也漸漸廣為人知，而被稱作美劇操盤手的角色 Showrunner，即節目統籌，則是瀚草影視特別想推動的團隊型態。

Showrunner 的標配是懂編劇、理解市場，並且從故事開發就參與案子，清楚作品的身世，包括它的這輩子與下輩子。

以美劇為例，故事集數龐大，大多是以季為開發目標，季與季之間，編劇團隊可能更換，導演會換人，演員也會領便當，但透過這一位始終存在的 Showrunner，作品的核心價值不會歪斜，粉絲的愛才不會散掉，投資方也才能穩定。也因為有一名主事者承接經驗，一切都不會從頭來過，續集不會爛尾，甚至有更完善的機會。

「當它形成一個典範，就可以繼續發展下去。」曾瀚賢分享 Showrunner 會是導演、製作人、編劇中

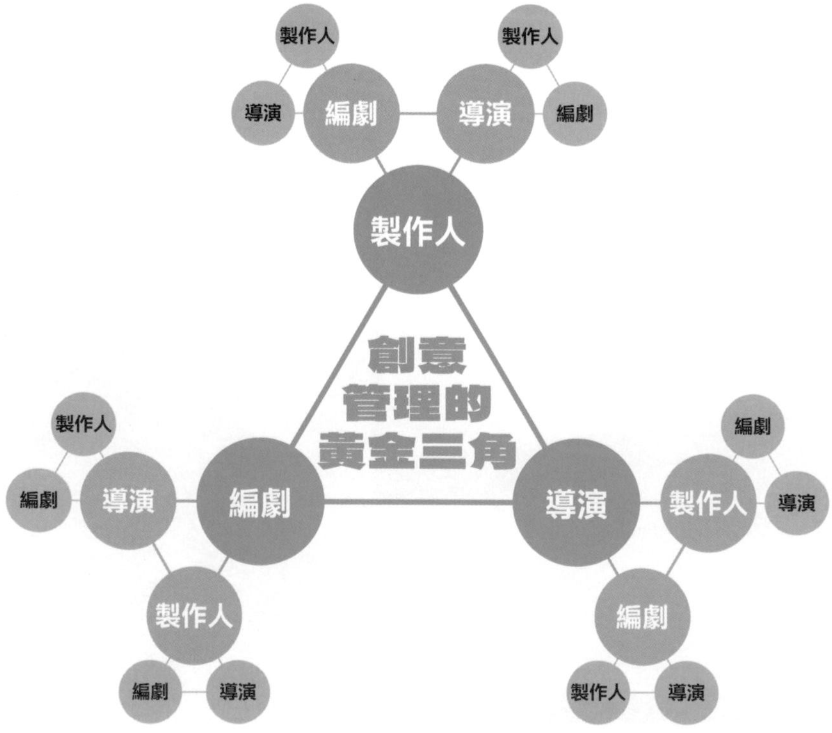

的其中一員，這三個角色能夠形成一個強而有力的黃金三角，用一個三角開發模式帶動一個案子，這個三角形思考邏輯的重點，是不可偏廢的全方位學習，在一部作品中這三個人都有一定的學習與經驗，當下一部作品要進行時，三人之中的任何一人都可以再展開一個新的三角，把模範延續下去。

《誰是被害者》就是一個嘗試。從前期製作端到拍攝、後期，都以管理創意的流程思考，以團隊的模組進行劇本的討論，劇本不再只是編劇的事。曾瀚賢說：「這個劇本我們以階段性的方式檢視，整個團隊一步一步地管理故事走向。」不只是一個編劇或是一個編劇團隊的事，作品是由黃金三角：導演、製作人與編劇三人不可偏廢的創意管理共同完成。

而在黃金三角中，會產生一種釋放壓力的平衡，雖然編劇、導演和製作人仍然是各司其職地在專業上發揮，但故事的開發和研究不再只是編劇的壓力，導演可以就拍攝技術給予建議，製作人則是拉合市場觀察的重要視角。他們同進同出，平衡了過去「編劇寫好，導演改本，製作人說市場不會接受」的可怕輪迴。

「以前團隊都很追求天才或才華洋溢的人，但是我認為創意可以被管理，管理得好，不會輸給天才。創意和管理從來不是二元對立。」曾瀚賢認為Showrunner的人才培養和黃金三角的團隊邏輯，會是類型片精進的重要關鍵，這也是瀚草製作面重要的架構。

《紅衣小女孩》的黃金三角。

類型建置

顏色在視覺上有很強烈的分類作用，它能帶領觀者朝一種抽象感受前進，再從抽象感受看見具體的表現——瀚草影視以五種顏色分類作品，分別溝通五種戲劇類型。

各種顏色的草會長滿瀚草的生態圈，有序而不紊亂地深耕，將帶來更豐富的色彩，卻也越顯各自本色。

Gold Grass Classic
Gold Grass 經典、寫實、時代

Purple Grass Mystery
Purple Grass 奇幻、穿越、懸疑

Red Grass Crime
Red Grass 警匪、推理、刑偵

Sky Blue Grass Family
Sky Blue Grass 家庭、兒童、勵志

Pink Grass Romance
Pink Grass 愛情、年輕、喜劇

曾瀚賢說，顏色的分類系統是一種很有效益的內部管理，「透過顏色分類和編號，我們可以迅速觀察每個案子的狀態。」有效率的檢視可以帶來更專精的成果。湯昇榮認為透過不同品牌的管理，不僅對內能有效觀察控管，在行銷策略上，也更能讓投資方理解案子的走向。這個分類概念，源自於湯昇榮從小聽音樂的經驗。

「我從小聽美國排行榜，分R&B、Hit pop……，他們把音樂分這麼多類型，葛萊美獎也分成一百多項，每一種類型背後都有專業在反芻、在推動，每一年都會觀察市場上某種類型有什麼轉變，或甚至有什麼新的類型出現。」戲劇也可以很敏銳，跟著時代調整，未來也可能產生現在意想不到的內容。

但要有細膩的觀察，就必須要將眼光培養得銳利細

微。

例如Red Grass的《誰是被害者》大放異彩後，瀚草也推出歷史時代大劇Gold Grass的《茶金》，而歸類在Sky Blue Grass的《中元大餐》（目前暫名《小廚神》）也正

透過四格漫畫拉近類型片與觀眾的距離。

在製作中。曾瀚賢說要拍《中元大餐》的起心動念很單純：「就是我回頭看製作過的作品，發現沒有一部作品是可以分享給我的孩子，沒有一部作品是我們可以坐在一起看的。」拍出闔家觀賞、跨出年齡層的戲劇作品，是瀚草影視沒有忘記的一個類別。

《中元大餐》源於富邦文教基金會的「台灣兒少節目影視內容孵育計畫」，從二〇一八年開始推動，當時邀請湯昇榮擔任計畫委員，瀚草提供基金會在執行與孵育工作上很豐富的參照基礎，在第一屆的提案大會上，由兩位年輕的編劇蔡岳霖、莊榮祚（時為大三）所撰寫的《中元大餐》備受好評。

湯昇榮發現台灣兒少節目的自製率已在全世界開發國家中敬陪末座，數量極為稀少之外，節目類型也相對單一、缺乏多樣性，多年來台灣缺乏兒童戲劇節目的現狀也引起關注，由於基金會執行董事陳藹玲、冷彬執行長的邀請，瀚草決定與基金會攜手，將劇本《中元大餐》送進開發製作工程，也在瀚草的努力下成功獲得投資人台灣大哥大 My Video、中環國際娛樂事業股份有限公司、樂到家國際娛樂股份有限公司、得藝文創國際股份有限公司、百聿數碼創意股份有限公司、紅衣小女孩股份有限公司共同出品的信賴，並於二〇二一年五月正式開拍。

「小組織、小團隊的分類，可以讓產業專業更專精地推動。」湯昇榮從分類中尋得更合適的人才、更有默契與信賴的投資者，一個類型可以在明確的範圍中打磨光亮。湯昇榮分析，台灣有很長一段時間製作大量的偶像劇，「但對全世界產業來講，偶像劇只是其中一種類型。有人喜歡驚悚、有人喜歡推理、奇幻、寫實，瀚草想要從這裡做起。」

關於分類，曾瀚賢還是回到人才培育的思考點上，他說：「這都跟人有關，要把人格特質相對應的人，放到好的位置發揮。有些人可以做很細節的研究，他可能就適合做結構性的類型故事，有的人就是情感豐沛、浪漫，那他也可以找到他擅長的故事發揮。」戲劇的分類從製作團隊內部做起，所有人事經驗也就有累積和延續的機會。「其實要做什麼類型，你必須要真心相信，」曾瀚賢補充，每一個人都有自己真心相信的價值觀，搞清楚自己的相信，放對用力的位置，自然而然就可以把故事說好。「如果一個故事，你自己都不相信，那怎麼會說得好？」

瀚草影視以顏色分類劇種，就像小孩最喜歡問自己：「你喜歡什麼顏色？」顏色可以讓你更認識作品方位，將目標定位做得更好，同時也讓對的人趨光而來。

進軍國際

市場趨勢影響創意與製作，誰先看見那道開啟的曙光，就有機會迎來嶄新的陽光。近三年全球串流平台的發展風風火火，台灣內容創作者在本地投資影劇趨向保守之際，皆以登上國際平台獲取更高的商業利益與知名度作為重要的發展目標。

早在二〇一五年，瀚草有感於海外市場的突破點已逐漸出現，逐步開始關注、推動並布局與HBO Asia、Netflix、FOX、Disney+等等國際平台的直接合作，《麻醉風暴2》將故事帶到約旦開場，且率先破天荒在Netflix、騰訊以及台灣超過八個平台播映，之後，《誰是被害者》則以全球原創版權登陸一九〇個國家，同時也成為台灣首次獲得Netflix 續訂的影集。

瀚草的姐妹團隊英雄旅程每年邀請國際團隊參與劇本診斷的活動，包括美國「救貓咪」編劇團隊的顧問，以及泰國、韓國、日本、香港與中國大陸等地導演、編劇及製片，都建立了友好的合作基礎。

瀚草除了以新的形象品牌GrX Studio 面向國際市場，在日本、新加坡、韓國設置合作的聯絡點，持續在眾多題材發展跨國合作，也努力打造原創IP故事，例如輕科幻影集《2049》以及入選公視孵育計畫的《化外之醫》加入了越南的故事背景，改編自日本知名作家宮部美幸的《模仿犯》也獲得Netflix 的訂購。其他各種的電影、影集、節目也規畫了與澳紐、泰國、印尼、馬來西亞、荷蘭及美國的合作計畫，未來國際布局也將會把觸角延伸到中東、中南美和非洲等地。

3

CHAPTER

第三章

SCENE

共好。共存

一個生態圈的養成需要陽光、空氣、水，全面達至平衡，才能產生正向循環，往永續發展。

瀚草影視從人才培育出發，勇於實驗不同類型，在嘗試中累積經驗，每一次與不同的導演、演員、製作方、平台合作，從碰撞機會中，孕育未來。

在影視產業中，各方角色缺一不可，唯有共好才能共存。

「共好。共存」深入訪談曾與瀚草影視合作的夥伴，從導演、演員、製作人、電視台到戲院，他們與製作團隊工作時在思考些什麼？走過不同作品，創造了什麼養分？

在這塊生態圈中，他們留下各自專業的態度與觀察，以及對影視產業未來風景的想像。

合影視就是合起來的力量，大家互相截長補短，一起面對國際影視的新趨勢。

導演

程偉豪——患得患失很正常，但不要對自己說謊

《紅衣小女孩》與《紅衣小女孩2》的導演程偉豪是金牛座，他和製作人曾瀚賢的生日只差一天。他說這是他們可以一拍即合的原因：執著、企圖和野心。「可是我必須說，導演比較幸福，因為導演的主觀決策或講『獨斷』好了，是這個職業專業的一部分，決策、下定論就是導演的工作。所以比較容易被原諒。」可是監製不同，監製和導演永遠是衝突的兩端，他理解也接受一部作品中具有矛盾的兩個極點，幾乎是必然。由於執著，他們的相遇使「紅衣小女孩」碰撞出很好的成果。

《紅衣小女孩》開啟了一個類型，吸引了產業的目光，程偉豪說當大家轉頭發現：「喔!《紅衣》可以這樣!」投資方的模式漸漸產生，一部類型片需要多少預算的概念也逐漸浮出水面。「當市場上越來越多人談商業電影的時候，就會形成一種良性循環，這件事情很正向。」程偉豪認為正循環的開始將會促成產業成型。

「正循環就是你每一部片到市場上都是幾千萬的票房，甚至破億的時候，會知道未來你在做相關類型電影時，你要花多少錢。」

類型片還有許多部分都在嘗試和摸索，做得好或不好都只能靠實踐後才能見真章。「那個實踐，其實就是去拍一部電影，並且要上院線。這是非常非常浩大的工程。」必須花費許多人的心力後，才有辦法得到產業中一個小螺絲釘般的答案。

程偉豪直言產業還沒成型，有一個很顯而易見的標準，那就是類型的對標基準還是太少，量不夠大。「譬如說我今天想要拍一部科幻片，你去看台灣有哪些科幻作品可以讓創作者對標?沒有，很多類型都是手指數得出來的個位數。相較於其他國家有很多可以對標的作品，因為他們已經形成產業了。」所以，什麼叫做產業?程偉豪與莊絢維的答案不謀而合——「量」。唯有創作者可以不斷拍出足夠好的片子，觀眾買單，投資者看到利基，然後成為一個制度化的系統，最終才會形成產業。

直面市場——我想的是觀眾

程偉豪說自己當時從一個對電影有興趣的人，慢慢地成為學習電影、創造電影的人，這一路的過程躲不了對「電影藝術」的拉扯，學院裡對電影有藝術的堅持，程偉豪像海綿一樣大量吸收，但當作品走出學院，程偉豪認為最終還是要面對觀眾。「哪怕你是參加影展，即便是面對坎城那十幾位評審，你還是要把他們當成觀眾來思考。」當程偉豪談行銷方法、公關手法或場面，他能清晰透徹地分享他的邏輯，這一切的終極目標的出發點卻相當單純：「是因為我希望有很多人看到它。只是這樣。」

大學時念的是廣告，主修行銷與公關的程偉豪，對於作品必須面對市場的觀念並不陌生，「電影和行銷的綁定是非常深的，你做商業電影就是希望被更多人觸及。」但當程偉豪真正踏進電影學院，「我在那裡面差點得了憂鬱症，患得患失感很重。」

剛開始踏上導演這條路時，程偉豪用「患得患失」描繪他前期五、六年的時間，「我到底有沒有能力？如果我有才華，但誰要看你的才華？當時的狀況是，拍短片變成一位導演的名片，那張名片好貴，我到底能不能維生？」直到自己的作品被觀眾或市場肯定，那一張跨進電影圈的門票才漸漸顯影，另一個對程偉豪來說很重要的門票指標不只是票房，而是藝術層面的認同。「當你終於可以實踐自己一直想做的面向，報導、影評或是觀眾的心得開始講出你

心裡想的內容，你終於在藝術層面得到滿足。」但是程偉豪也坦言，患得患失症狀會消消漲漲，「要怎麼證明自己？你只能一直拍，就好像打怪一樣，一直過關打怪。」

請他給正在導演路上的人一些建言，程偉豪一貫冷靜流利的口吻，他沒有給出答案，卻一口氣拋出直擊人心的問題：「永遠不要忘記面對觀眾，要清楚知道你在面對的是哪一種觀眾。當我決定要做《紅衣小女孩》時，我就問自己，真的喔，你要面對普羅大眾，你自己說的喔，普羅的需求是什麼？你有做到嗎？你真的理解嗎？還是你其實在瞎猜？你骨子裡根本是一個大文青，那幹嘛做這件事情？一定要認清自己，面對觀眾的時候你才會知道怎麼下手，就算只有幾位影展裡的評審會看到你的作品，那你有辦法真的知道他們在想什麼嗎？你有觀察嗎？你真的理解嗎？」這些問題，似乎都是程偉豪在過去的每一個迷惘時刻不斷逼問自己的，逼得自己喘不過去，然後發現又多吸了一口氣。

十年之後

程偉豪說十年之後，他希望自己可以做一個商業藝術兼具、厲害的類型電影導演。而他認為台灣電影已經在路上，至少在類型、商業方面，十年後肯定是百花齊放，而且形成一個很成熟的產業。

莊絢維——所有的錯都是導演的錯

《人面魚：紅衣小女孩外傳》和《誰是被害者》的導演莊絢維，從小就想當導演，小時候酷愛好萊塢電影，但「導演」對他而言是一個遙不可及的工作。「我當時只是靠想像，想說當導演一定要跟很多厲害、專業的人溝通、一起工作。我那時候沒有自信，懷疑自己能夠跟這麼多人一起做嗎？所以我高中的時候就想去做動畫好了，做動畫我應該可以自己一個人講完一個故事吧！」

結果當然不是如此，莊絢維現在回想起來，還是大笑了。「完全不是這麼回事，西方的特效團隊分工非常細，所以我其實也要跟幾百個人一起工作，對！幾百個人。然後你只是其中一個小螺絲釘。」學習特效後，對美學有了掌握，也有了與他人溝通的自信，回台灣後莊絢維再去讀電影碩士。

成為導演的過程中，對莊絢維而言最重要的就是在國立台北藝術大學碰上李啟源老師。「他教會我當導演的一切，職業道德、技術，一切都是從那裡開始

的。」而莊絢維所接收到最重要的觀念就是：「所有的錯都是導演的錯。」

這並非自大或自卑，而是作為導演如何看待自己的角色，有沒有做好扛起作品的責任感？「如果不是導演的錯，那要導演幹嘛？演員可以跟攝影師工作，剪接師也可以自己剪，這句話背後的意思是要你去面對，一個導演要對自己的作品、工作有絕對的責任感。」

面向觀眾，這是學校沒有教的

「面對著觀眾拍片，這件事情很重要，但可能是學校沒有告訴我們的。」莊絢維解釋，當自己還是學生時，他學習電影的比重大多來自教科書、理論以及海量的經典作品，在那個階段要面對的是學院與老師。

「當我跨到真實的商業作品時，有一個過渡期，因為觀眾根本不管你什麼理論。也就是說，瞭解理論之後，要用最符合觀眾、最能打動他們的方式告訴他們——應該把觀眾擺在最前面。」

莊絢維花了一些時間，平衡作者和觀眾之間的關係。當他明確認定作品最後是要播給觀眾看，那麼面對著觀眾拍攝，就成為重要的事。「作者還是很重要，只是應該要花更多時間來回檢查：我這樣做，觀眾能不能跟得上？可以理解嗎？」這之間沒有創作者的委屈或所謂的向商業低頭，只是認定自己的方向，更有同理共感地說故事。

十年之後

「十年之後，我覺得導演的工作內容不會改變，你看從希區考克到現在，我們做的事大同小異。」

莊絢維認為說故事的本質和想望不會改變，差異是在硬體設備或技術的進步：「可能有更多技術，可以做更多有趣的畫面吧！」他也肯定台灣的影視產業能量正在上升，不論是類型片、商業片，都可以因為產業每一個環節的成長，而形成一起向上提升的可能。「不管是特效、特殊化妝，從劇本端到後製剪接，一環扣一環，當資源有了，我期待可以嘗試一些沒有做過的事！」

五十年後的導演會是什麼樣子呢？他思考後說：「五十年後，搞不好可以遠端導戲——但我不希望啦！真正的魔幻都在現場喔。不在現場是很可惜的！」

林君陽——時代劇，是一種奇觀

如果說鬼片的類型語境是要讓觀眾有一種被嚇的娛樂性，那對《茶金》的導演林君陽而言，時代劇的語境是讓觀眾宛如走進某種非現代的「奇觀」。

時代劇原則上就是「不是現代」，當觀眾都活在現代時會對於我們生活的當下有許多經驗判斷，但當觀賞時代劇，人們熟悉的經驗會失去作用，而這種失效可能造成觀眾觀看的門檻，覺得遙遠且與自身無關。但同時，這種經驗的失效卻也可能帶來一種「奇觀」。

「在那個語境底下，你要放什麼東西進去都有機會。它會變成一張非常巨大的畫布，那是很過癮的事。」以台灣而言，林君陽認為這塊土地的過去有好多可以講的故事，每一則故事都值得以不同的方式表述。「我希望時代劇是一個很大的類別，底下有各式各樣的風貌。」例如《華燈初上》八〇年代的燈紅酒綠，《斯卡羅》兩百年前的歷史事件，「這些故事一路串起來，大家就有機會重新認識現在這個台灣是怎麼來的，或是更能瞭解曾經有什麼事真切地發生在這塊土地上。」

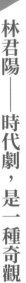

為什麼要回望？林君陽說：「你不想知道為什麼你現在在這裡嗎？」時代劇是這樣的一條路徑。

說好故事之外的事

對林君陽而言，他們是二〇〇〇年國片第一次復甦的環境中長出的一批電影人。他認為這批電影人非常渴望與觀眾對話，比起上一代的藝術電影，他們相對沒有包袱。「我們希望觀眾喜歡聽我們說故事。」十年的歷練後，迎來OTT的時代，這批電影人跳進各種影視作品，一下子，台劇的樣貌多元、豐富，和觀眾之間充滿了對話的可能。

「我們一直都專注在把故事說好，可是除了說好一個故事，有更多實際的東西要追上來。」林君陽很實際地思考，影視產業在台灣規模太小，可是這個產業的原生環境就是要有很大的規模，「我們要有片廠、我們要更大的資本、我們要有更多的幫助。《茶金》是被拍出來了，但我們可不可以不要每次都走鋼索？」他問這樣的燃燒，可以燃燒多久？

換一個面向思考，林君陽也理解投資方在想什麼。「一樣的投資，我可以丟股市，我幹嘛要把錢丟進影視產業裡，它可能就這樣不見了。」所以回到原點思考，台灣現階段應該有能力拍攝多大規模的戲劇，它可以得到多大規模的回收？OTT會是一個機會，解套台灣市場過小的問題。

十年之後

「當你有機會把自己的故事講得越來越好，下一步，要想的就是怎麼把故事賣到國外，讓其他國家不同文化背景的人也看得懂。」林君陽分析這個可能走出台灣被世界看見的故事，一定帶著台灣的獨特性，有自己的產業文化、飲食文化、地域文化，這些文化都是資本，當這些故事表現出來，觀看者要能理解：「是的，這是台灣才會發生的事。」

「我們還在嘗試的過程，哪些東西是台灣人很有感、全世界的人都很有感的？」林君陽期待，這個嘗試只要頻率和次數多到一個程度之後，就是規模的問題了。如此，影視產業的人們就有機會把故事講得更好，和國際並駕齊驅。

電視台

李淑屏——製作團隊正推著產業前進！

在瀚草影視成立的前五年，公視節目部戲劇製作人李淑屏從電視台的角度，目睹瀚草堅持決心，度過一次次危機，並立下標竿的過程。

從支持者到主導者

她觀察曾瀚賢作為製作人角色的轉變，以及專業能力的升級。「二〇〇九年製作《他們在畢業的前一天爆炸》時，公視先洽談編劇木二的同名電影劇本，鎖定鄭有傑導演，再找到製作人瀚賢加入。」這頗接近台灣電影作者論的脈絡，以導演為中心的工作方式。在預算和進度的巨大壓力下，製作人和導演必定會有很多拉扯，「瀚賢負責組隊、尋求各種資源、支持導演的創作核心、協助導演把故事和期待想像落實，最後拍出成品。」到了《麻醉風暴》時，明顯看到他身為製作人角色的轉變。

二〇一五年公視公開徵求迷你劇集，曾瀚賢帶著他規畫的《麻醉風暴》藍圖來參與競案。「這個故事的源頭，是瀚賢慧眼獨具買下改編權的。」美劇的影集 Showrunner

多由製作人和編劇出身，具有主動挖掘潛力文本或創作開發故事的能力，並為作品的類型和風格找到合適的導演、編劇來共創。相對於《麻醉風暴2》，曾瀚賢在第一季偏向提供建議，創作面多交由導演主導。

「到了《麻醉風暴2》，瀚賢作為影集Showrunner的角色更加成形了。」她指出第二季是公視主動邀請瀚草續製，瀚賢提出製作第二季的期待：他要尋覓投資者合作以擴大公視有限的資金面；希望提升戲劇視野和格局；想要開闢另一條故事線，加入年輕醫生世代的傳承和挑戰。因此，以製片人為主導，連結導演、編劇的創作金三角成形，也成為一部影集製作出發動引擎。「從這三齣戲劇的歷程，也清楚看到一位製片人的蛻變和進化。」

行銷的團體戰

過去製作公司承接電視台委託完成戲劇之後，多由電視台頻道和公關執行宣傳，但這件事在《麻醉風暴2》開啟合資之後也有了改變。

在擔任《他們在畢業的前一天爆炸》的製作協調時，李淑屏為這部迷你劇開設官方臉書並擔當臉書小編，從二〇〇九年開拍到播畢《他們在畢業的前一天爆炸2》，在單一故事上持續經營七年的社群宣傳，她深刻體會影集行銷與製作同等重要。她坦言，當時影集市場有限，不像電影上映多委託專業公司來執行宣傳與發行，但最瞭解戲劇幕前幕後所有細節的會是劇組。

「影集的宣傳更像跑一場馬拉松。」她比喻電影宣傳如同跑四百公尺的跨欄比賽。「第一步跨欄的高度、速度和流暢度，會決定後面還可以跨過幾個欄，整段衝刺是比較密集的。」電影宣傳戰線大抵三、四個月，但影集要論年計算，從開鏡、拍攝期、超前導、前導到播映發行、競賽參展……，跨越兩、三次新年是很正常的。李淑屏意識到，若是製作團隊內有宣傳行銷的人才，就能協助規畫更多幕前幕後的內容，拉出更綿密的宣傳戰線。

「到了《麻醉風暴2》，我們說服公視額外提供瀚草宣傳補助，開啟電視台、製作公司與外部宣傳公司，聯手進行整合行銷的團體戰。」她說借重瀚草對作品的瞭解，電視台設法提供資源，製作各類宣傳素材在頻道和網路上發酵，同時推動線下的講座、影展首映特映，嘗試端出完整的行銷策略操作。

當TV遇到OTT

「公共電視是一個平台，我們會長成什麼樣子須倚賴製作公司的作品。」李淑屏表示，公視作為平台目前雖沒有自製戲劇，但電視台要有選擇作品的眼光以及獨特的定位方向。「必須一直思考，我們想把什麼樣的作品納入？」在這樣的平台邏輯上，公視更期待製作公司壯大，持續升級打怪、自我突破。

「電視台收視率的心跳，在撞上OTT的超跑時，已陷入心肺功能停止的狀態。」她說：「現在的追劇模式都用手滑螢幕，只剩五十歲以上的觀眾還願意拿起遙控器。」

不過，電視台的危機正是影視公司的轉型和轉機，OTT串流為第一線創作者打開更多創作和露出的直接通道，一個組織和能力兼備的製作公司，幾乎成為一個小型電視台的生產單位。

「這是製作公司擁有最大機會的年代！」李淑屏看好製作公司的前景，尤其在與OTT平台合作下，製作公司拿回更多主導權，例如瀚草影視並不滿足於製作電影和影集，很早就開始編制版權發行和整合行銷的專才，推廣並銷售自家生產的作品。後來也成立「英雄旅程」、舉辦野草編劇計畫，並主導開發一劇之本。「瀚草是步步為營，在台灣影視市場裡建構開發、產製、宣傳、發行一條龍，全方位的Production House。」歷經多年的試練，瀚草的版權和行銷已開始外接其他客戶委託。

各種類型的參考：對標作品

公共電視的存在將持續扮演什麼角色呢？「我自己有個期待，希望公視戲劇能夠成為很多提案的『對標作品』。」李淑屏解釋，成為對標作品意味著「製作方在提案時也許可以比喻是一部『後中年版的《大債時代》』、『糖業的《茶金》』，這讓公視戲劇有機會成為其他人的參考原型。」

同樣的，除了期待公視的戲叫好也叫座，但也清楚要與商業電視台做出區隔、廣納各種議題和戲劇類型、嘗試帶動影視技術產業提升。「當年，若是在提案媒合會端出《我們與惡的距離》時，市場不會看好如此沉重的社會寫實劇，投資人很難掏出口袋裡的錢買單。」但播出結果反映，當令人迴避和禁忌的社會議題有機會釋放到抬面上時，大家將會有共同面對恐懼的力量和彼此對話的出口。「即使是觀眾看了劇後互相對立，都是往中心向前各跨了一步。」

在影集市場之外，公共電視比一般商業電視台和製作公司更關注提供短片和電視電影創作者的舞台。「過去比較是影展選片的名單，例如挑戰議題的獨立電影、藝術電影，透過公視平台製作、播映，也有機會滲透進入一般大眾！」她說受到行政官僚束縛的公共電視台都在嘗試「冒險」時，商業電視、製作公司更有條件乘勢而上、放手一搏。「台劇沉寂很久了，復仇者聯盟，不，應該說是復興者聯盟逐漸形成，各路Production House的超級英雄集結，共享實戰經驗、升級武器，準備重裝上陣，現在——正是他們帶頭衝鋒的時代！」

電影院

吳明憲——我們的聯手，是想展現「我願意」

在《紅衣小女孩2》時，威秀影城董事長吳明憲帶領威秀影城與國賓影城、秀泰影城聯手投資，創造了很高的話題與成績，使業界人士意識到合作動能的可貴。而那次的合作只是開始，後續他們繼續聯手出擊，威秀、秀泰、國賓、新光四大影城創立伯樂影業，投入國片的製作、發行與投資。

聯手支持國片，是戲院業者的共識

身為通路、戲院，最常為人詬病的就是國片排不上檔次，戲院不支持，片子沒上線多久就慘遭下檔。「所以，影城之間從《紅衣小女孩》開始合作，其實是

想跟業界說，戲院不會不支持。我們當初的想法是要讓同業，不管是製作方或發行方知道，產業是要大家互相團結，才能做大。」

其實對戲院來說，國片的崛起也非常關鍵。吳明憲分析，台灣有七、八成的票房收入來源來自好萊塢電影，其他兩成是非英語系國家，包含韓國、日本、泰國，國片也在裡面。

「如果整體電影市場要成長，國產電影一定要成長，整個餅才可能擴大。因為好萊塢電影其實非常穩定，每年大概就是七、八十億左右的票房，不會成長太多。」基於這個觀念，戲院業者形成共識支持國片。

吳明憲強調身為通路的戲院，不會不支持國產電影，只是在支持的路上有必須要走過的階段性任務。他提到，過去有一段時間，國片取向偏藝術類型，他坦言這對一般大眾是遙遠的，就算戲院支持，觀眾也難以進入門檻。所以第一步，他希望國片要往更多元的方向前進。

「先讓國片產生一定程度的吸引力，當更多觀眾願意接觸國片，累積這樣的群眾基礎後，當商業電影賺到錢時，觀眾也好、投資方也好，會對國片更有信心。未來，如果要拍一部藝術性較高的電影，也會比較容易找到資金。」

魚幫水，水幫魚，「我們真的很希望把國產電影的市場占比拉高，這是戲院業者現在共有的使命感。」

投資者與觀眾都在慢慢累積對國片的信心，當通路方也進場高喊支持，吳明憲相信會有好的結果產出，未來也期待吸引更多非業界的資金進來投資。

「其實我跟瀚賢一直在做一件事，就是我們希望夠把『電影製作』變成一門生意。所謂變成生意，意思是就算我今天是不懂業界的人，我也能看懂這本帳。」

以往投資國片，比較多是「天使投資者」，意思是投資方比較不在意回收，單純地給一筆資金，無條件支持。但是，這樣的行為能持續多久？吳明憲認為這非長久之計。「好，這部片你願意當天使投資者，最後都賠光了，那你不敢再投就算了。其他人看到也都會跟著害怕。所以大家的印象就是：投資國片一定會賠，你還要投喔？」

要翻轉這樣的形象，吳明憲認為影視作品要變成一連串可以獲利的產品，吸引更多資金進來。要將一部作品變成能夠持續的能量，就是IP化。例如，與出版、動漫等業者合作，嘗試媒合與整合，並孵化作品的IP，成為一個具有長尾效益的投資案。

作為投資方，吳明憲會小心謹慎地為每一個案子的情況進行商業評估。「商業評估方面，瀚草一直做得很好，它交給我們的一些開發作品，我們都可以很清楚地看到脈絡，明確知道它的商業性在哪裡。」這樣的案子，即便不是業界人士，也能放心地投資與回收，一本大家都看得懂的帳，是作品能否拿下永續資源的關鍵。

往長遠的未來看，吳明憲認為影視產業會永久存在，改變的只是載體方式，或是增添互動的可能，更加追求感官的極致。「內容不會改變，人會根據自己的生活經驗與感情，把故事一個一個推出來，繼續讓大家感動，讓大家歡笑或悲傷。」

「除非有一天，我們演化成外星人，沒什麼感情了，電影才會消失。」

吳明憲說他期許台灣的影視產業可以越來越國際化，眼前，亞洲區域的整合或是東南亞市場的整合，目前台灣都很有優勢。他舉例當時《紅衣小女孩》的後期聲音處理是到泰國製作，而泰國的恐怖片產業相當成熟，那一趟合作就讓製作端有了很好的交流與成長。

回頭來看，吳明憲認為當初投資《紅衣小女孩》對他來說是很美好的經驗。「這對我很有意義，它讓我更確信必須在這個產業裡做出一些成績。《紅衣小女孩》的成功，有著鼓舞人心的作用。」除了對他個人有意義，也打開了市場的視野。《紅衣小女孩2》的海外行銷賣了三十個國家，這點讓產業知道，國片做得到。

這也讓吳明憲更確定，他要繼續在影視產業達成更多目標。其中一個目標是——「我曾經向瀚賢說：『哪一天，我希望我們兩個可以走奧斯卡紅毯，然後那套西裝，我買給你。』」

演員

許瑋甯——角色功課永遠做不完

許瑋甯與瀚草影視緣分很深，從《他們在畢業的前一天爆炸》、《麻醉風暴》一、二季、「紅衣小女孩三部曲」到《誰是被害者》，橫跨十年都有她的深度參與。每一部作品，她都挑戰不同類型、詮釋不同人生，在不斷貼近真實中累積豐厚經驗。

扮演寫實的角色，就是在建構真實的人生

回想二〇一〇年初次參與《他們在畢業的前一天爆炸》，她客串一名女刑警。「其實沒有太多戲分，但卻是一個很完整的角色。」許瑋甯說進到劇組，導演與製片期待看到她有別於以往的表演，「必須寫實，所有女警該有的標準動作都必須到位。」從第一次接觸

瀚草，許瑋甯就知道這個製作團隊是玩「真」的。

到了《麻醉風暴》，許瑋甯飾演心理諮商師楊惟瑜，在第二季成為大醫院的副院長，在兩個寫實角色背後，她做足了角色建立的功課。「其實功課做不完。」她說寫角色自傳是最基本，但在書寫的過程卻越寫越不夠，因為越寫越真實，「一個真實的人生，沒有那麼容易被寫出來。動作的小細節、生活化的行為、生活化的思考邏輯，都必須思考、建構出來。」揣摩一個真實的角色何其容易，但許瑋甯說當她做足了這些準備，拍戲最美的一刻就會到來——那一刻就是「上場，你的對手會給你不一樣的火花。」

「當你的對手知道你是那個角色，他就會用他覺得應該如何對待你的方式，來對待你——這是很美的一刻。」在飾演心理諮商師的背後，是閱讀大量相關書籍和資料，並且和真實的諮商師學習。「你要真的讓內在的感覺、吸收，影響外在的表現。」到了《誰是被害者》，劇組安排跑過社會線的女記者和許瑋甯分享她們的生活樣貌。「她們碰到的案件、她們的生活型態，都不是我可以憑空想像的，我必須實際接觸她們。」

許瑋甯為了揣摩角色，一邊聽女記者的故事，一邊站上她們的立場感同身受。「當一個菜鳥剛開始跑社會線的時候，他們大多時候都在辦公室調閱資料，因為很忙，常常要一邊吃飯一邊看血淋淋的駭人照片。」許瑋甯壓下心中的佩服與不可置信，要快轉消化菜鳥的震撼到老鳥的公私分明。《誰是被害者》中，她飾演的女記者徐海茵是職場老手，手腕高明，那些菜鳥的震撼教育早已過去。面對這個角色，許瑋甯能做的就是加速吸收、成長。

「其實，演出這些角色我都很感謝，因為成為她們，我的人生也豐富了很多。」

有儀式感的劇本

「瀚草不會輕易把還不完整的劇本交到你手上，這算是某種儀式感嗎？」許瑋甯說這是對故事的極大尊重，同時也是對編劇的尊重。每次，劇本都必須是八十五分以上，劇本才會被慎重交給演員——這對演員來說，是很幸運的事，拿到好劇本的那一刻，每個演員都是無比興奮的。」

一個完整的劇本、好故事，對許瑋甯而言是會開心到睡不著的事。當她讀這些劇本，她知道作為一名演員，可以擔任傳遞員，深入社會大大小小不同角落正在發生的事，把好的價值呈現給觀眾，這是瀚草影視的劇本每一次都能夠帶給她的興奮。

從《他們在畢業的前一天爆炸》的女警、《麻醉風暴》的心理諮商師楊惟瑜、《紅衣小女孩》的沈怡君，到《誰是被害者》的女記者徐海茵，許瑋甯走過瀚草各種類型的作品，寫實、恐怖、懸疑刑偵，成為不同性格的角色。累積這些生命經驗後，她認為這是演員成長的過程。

「各種戲路成為我的養分，因為這些都是類型作品，有它的角色立足點，即貼近真實、生活。」在寫實的角色裡，她感覺到角色的飽滿，「在演這些戲時，情緒的流動最順暢，你跟對手之間是流動的，自然而然的情緒、情感和所有表演都是當下可以投入的。」

她說，每一個角色裡都有自己的碎片，而在完成演出之後，每一個角色的碎片都會留在自己身上。「我稱它為美麗的破碎，破碎後的完整。」許瑋甯認為自己進入了這些角色，然後再從她們的人生中退出。只是退出後，自己又因為她們而有所收獲與成長，殘留了一些角色的氣息，再往下一個角色前進。

十年之後

「我有點憂心，有沒有可能機器會取代人力？」許瑋甯的擔心不是空穴來風，她說現在有些電影，只要依靠擬真的動畫就可以完成。

當技術越來越純熟，擬真特效有一天可能比真人演員更能毫無限制地達成演出的各種可能時，真人演員會被淘汰嗎？「所以我會覺得，演員必須要更努力活出自己本身的重要性，要重要到不會被取代。」

吳慷仁——演員要跟著時代走

從偶像劇到職人劇

「時代就是這樣，觀眾會淘汰他們不想看的東西。」吳慷仁認為在《麻醉風暴》之前，偶像劇正處於比較混沌的階段。他也明白這與整個環境息息相關，大量的題材重複，人才也跟著出走。吳慷仁謙虛地說自己很幸運，算是趕上了台灣職人劇的首波浪潮，他知道觀眾想要更新鮮、更真實，也更貼近生活節奏的內容。

「好的作品要靠累積，瀚草是很有累積的公司，這是他們的優勢。」吳慷仁分析瀚草一直以來都在拍類型影視作品，打開了這一扇門後，投資方會看到需求，資源也就會跟著進來。「瀚草累積了台灣近年來最成功的職人劇或類型片，他們的成功不是偶然。他們有很棒的決斷力，在製作方面的水準也很足夠，視野與品味兼具。」

他舉例，過去很多電視台都以收視率和廣告買賣證明一切，但在時代轉換下，集數必須夠長、夠多集，才能撐足回本的可能性。「可是《麻醉風暴》就是短劇集，他們從作品的內容出發思考，回本不回本並不在於有多少集，而是作品有多好，版權可以賣多少。」版圖思考的不同，是產業轉型的重要關鍵。

演員要跟著時代走

吳慷仁也觀察到，傳統偶像劇的沒落與網路串流平台的興起很有關係。「現在的觀眾看到的東西太多、太好，他們會比較。」回歸到演員的表演方式上，他也坦言不容易。「心情滿複雜，我一直覺得演員要跟著時代走，時代在變，表演方式應該也要變，或是說要有新的東西給大家看。但本來要接到戲就有點辛苦了，每接到一檔新戲，就必須要有出色的東西讓大家看到，那是更辛苦的。」

當觀眾觀賞影視的習慣改變，海量接收國內外作品變得容易，從演員到劇組，每一個環節都在思考如何升級自己，如何跳出來被看見，因此一部作品的前置作業變得更嚴謹費時。另一方面，導演的風格技巧、剪接的邏輯、拍攝的方式都在變化，吳慷仁認為，現在的演員已經不可能是早期比較簡單的表演方式了。

他說現在的拍攝手法很多，大家也都會去創新，所以可能在鏡頭的選擇上邏輯性不會那麼高，反而是跳著拍、倒著拍。「因為觀眾都接受了，他們可以接受大膽、創意的邏輯，劇組不怕他們看不懂，敘事的方式變得更多元，有了更多選擇性。」他回想過去講故事時，會擔心順序、邏輯不清楚，觀眾會不會看不懂？但觀眾也在學習，隨著收視習慣改變，各種劇型都可能被接受，演員也會被期待每一次都要比前一次更好、更不同。

「演員要不斷丟出新的東西，是困難的。可是在這個時代也有非常好的優勢，就是——你不是只有偶像劇可以拍了。」吳慷仁表示過去有「巨星」的時代，往往演員要扛票房保證。「現在不一樣，要回到劇作本身，要拿戲來包住這個人，而不是像以前有某人演就是票房保證，沒有這回事了。」也就是說，無須每一位演員都成為巨星，成為某一種最主流的形象，才有辦法演戲。

「新的演員有機會不用花費時間，走我們以前走過的路，他可能一出道就是拍一部符合他外貌、性格的類型片，那他就可以朝這方向持續發展。」但同時吳慷仁也觀察到，現代演員的汰換率很高，即便一部作品紅了，觀眾會期待第二部作品可不可能更好，就是新時代演員要面臨的課題。

十年之後

吳慷仁看待演員職涯，有很浪漫的長遠，也有很務實的接受。

「我常常在想演員老了之後，到底能有什麼樣的生活？」他說，演員沒戲了就是沒戲了，就算他曾經對演藝世界有很好的貢獻，但這份貢獻卻難以量化，也無法對事業的未來有所保障。沒戲演了，對演員而言就是沒有收入，演藝生涯的結束。「不是你演過一部很紅的作品，演員就能有持續的收入，無法像詞曲創作者那樣靠版權生存。」但他仍然抱持一點希望，當演員秉持自己的專業，而業界也開始正視演員這一份職業，那它相應的保障就可能慢慢出來。

另一個對未來的期許是：「我希望男、女主角的角色平均年齡，可以越來越模糊，有更多可能性。」例如，改變故事內容結構，吳慷仁認為不同年齡的角色可以帶出更多

元的劇種，為什麼男、女主角總是上班族？有沒有可能大眾其實也很關心青少年，或是老年人？他期許影視作品不要一窩蜂往有利潤的方向衝，而是停下來，思考大家想要聽什麼樣的故事。

想起二〇一六年，吳慷仁以《一把青》拿下金鐘獎戲劇節目男主角獎時，他說在台灣拍戲很辛苦，賺不到什麼錢，演員都在等，像他一樣，等待一個導演的眼光，等待電視台開發更多類型的戲劇，等被選中的機會。

「我們需要的是多一點點的選擇，幫幫我們，我們可以更好。也許我們不是最有天賦的，但我們總是可以當最努力的那一個。」

黃河——專業的演員不因外在狀態而被選擇或限制

類型片的表演

二〇一五年黃河在《紅衣小女孩》中飾演男主角何志偉，他說當時他對類型片的表演方法是滿腦問號，在拍攝過程中，他意識到類型片大大提高了拍攝現場的困難，不論對劇組或演員，都是一場不容出錯，比精準度、比專業的挑戰。

他表示，類型片的剪接點會比一般劇情片多，如《紅衣小女孩》可能一分鐘內的戲就有六、七個鏡位。但為了不讓演員的表演重複太多次，或是影片剪輯的需求下，表演必須變得很破碎，「你要一直重複一些很短暫的反應。」在拍攝現場，一切都是在執行設計，「這是類型片最大的特色，它是一個有明確目標方向的影像敘事。」每一次喊action，演員都要給出最精確的表演，沒有即興的空間，「可能我多停頓兩秒，或

是身體往左邊移了幾公分，站在攝影師或剪輯的角度看來，偏差就大了，完全不對。」

從《紅衣小女孩》開始，黃河觀察台灣的影視製作越來越多類型片，而演員必須能掌握如何與劇組溝通，而不只是演一個角色。當劇組不斷提高製作的精準與執行能力時，對演員來說是更加困難。

「以往演員只要把角色準備好，帶著情緒進入角色狀態，在現場跟導演、對手演員找出好的表現。可是現在的類型片中，要符合鏡頭的運動節奏，每一個 cut 都有不同的目標。老實說，我追的很辛苦。」黃河說台灣的製作團隊進步得非常快，演員想追上，就必須改變邏輯與工作態度。「我的觀點是，前期的溝通是最有效的方法。」例如一場哭戲，演員在前期就要與導演、攝影討論好有幾顆鏡頭，哪一顆鏡頭的目的是什麼？幾秒鐘？要哭到什麼程度？所以在拍攝現場時，所有事情都是已知並且有共識的狀態。

正因為類型片執行難度高，前期的導演、燈光、攝影、美術都會密集溝通，避免現場出現誤差，「反過來說，如果這些部門都必須密切溝通，達到精準度的話，那麼演員同理也要提升溝通與協調，來達成共識。」黃河認為演員的專業，可以從這些溝通中訓練而出來。「演員應該要是其中的一部分，而不是最後才加入。」

主演與氣氛演員的任務

出道十六年，黃河對「演員」有很獨特的觀察，美術背景出身的他，似乎對演員的質地、組合特別細膩。

二〇二〇年，黃河成立「好氛圍娛樂」，聚焦在演員培訓，尤其是「主演以外的演員」。「在台灣，我們統稱臨演、大特或小特的特約演員，英文叫做extra，其實就是額外、另外的，即主演以外的演員。」黃河指出，主要演員有主要演員的任務，他們要帶領觀眾、推進劇情。臨演的任務則是要負責營造氛圍。「周邊的氛圍，是主演沒辦法做到的事，但很多時候，主角要突出靠的是周圍的氣氛。」

黃河分享在他拍片的十六、七年間，會不斷遇到臨演，當大家覺得臨演表現不夠專業，鏡頭就避開，畫面就剪去。「但當演員在與臨演對戲的時候，他們沒辦法避，怎麼辦？我回頭思考，作為一個演員，我對於表演的理解是什麼。」黃河說他在易智言導演的《行動代號孫中山》裡飾演捷運上的情侶，也就是臨演。「在拍攝的當下，對我而言沒有差別。主演、次要演員或臨時演員，對我來說表演方法沒有太大差別，只有任務的不同而已。」

自己一路摸索表演方法，從《紅衣小女孩》到《誰是被害者》，漸漸有一套表演邏輯，現在他希望可以與別人分享，同時也想要幫助劇組，讓劇組有更多拍攝的可能。「就像一個場景如果只有一面牆有陳設，那勢必就只能拍這一面牆。如果現場只有主演能看，那主演就被限制了表現的可能性，我希望好氛圍能帶出優質的群演、氛圍演員，讓劇組拓展可能性。」

這也和類型片的崛起有關，臨演也必須有專業設定，不再只是坐在背景喝咖啡，臨時演員可能是在爆破現場的傷患，可能是六〇年代的學生，隨著戲劇作品的精準追求，畫面中的所有細節都要扛起更大的責任。黃河說他時常分享一個想法，在片場，導演、美術會很在意桌上一個杯子顏色不對，要立刻換掉。他們對於這些不會動的道具在畫面中的樣子非常在意，那他們怎麼可以放過會動的氛圍演員呢？

「群演一個人可能可以拿到一千塊，場景陳設可能是一百萬。你願意為了一千塊毀了三年寫出來的好劇本、一年的準備拍攝、一百萬的陳設、幾千萬的預算嗎？」黃河說得很直接，他對於演員整體表現的提升深感殷切，因為他是過來人，他知道每一個演員都可能更專業，而每一個劇組都值得更好的演員。

十年之後

黃河想像十年後的台灣，作為一名演員能處在最好的狀態，那就是：「所有演員都是專業人員，不因各自的外在狀態被選擇或限制。」

類型片崛起，導演要學習類型片的敘事方式，要學CG、要學動畫，編劇要更投入田調，「同理，演員也要理解不同人物、不同個性。」黃河說過去生活劇情片悲歡離合的生命經驗，已經不足以支撐類型片的元素。「你可能會上天下地、會遇到失火爆炸，那都不是生活上會取得的經驗，演員必須增加專業度。」

黃河認為當他被視為一名專業的演員，他就不只是一個瘦瘦、有文青氣質，可以詮釋可怕驚悚的某種類型。「如果今天黃河被認定是專業演員，那他必須什麼戲都能演。」

他期許十年後的台灣，最好的狀態就是所有演員，不管是主演、次要演員或是氛圍演員，都是專業人員，不只是被作品選擇，而是會帶領作品產生更多意想不到的樣貌。

藍正龍——
演員很渺小，初衷卻可以很大

二〇一一年的夏天，曾瀚賢向藍正龍提起《阿嬤的夢中情人》這部作品，他說得詳盡、仔細，藍正龍記得這個製作人對待自己非常慎重又毫無隱瞞，什麼都說。「作為一個演員，你會覺得自己很被重視。」二〇一三年《阿嬤的夢中情人》上映，藍正龍演出男主角劉奇生，以歌舞喜劇演繹台灣曾有的電影榮景。

在那之後，藍正龍參與《麻醉風暴2》以及《前男友不是人》的演出。他觀察瀚草影視組織越趨完整，即使專業已受業界內外高度肯定，卻沒有一絲鬆懈，反而越來越願意投入與挑戰。「我常常會問瀚賢，你這樣公司撐得下去？」作為一個製作人，曾瀚賢很願意花錢。「那個花錢不是說要有多少台攝影機、多少工作人員，瀚草想的是要做出什麼畫面與創意，他們要跟觀眾分享什麼？」瀚草影視在藍正龍眼中是願意追求創意，很願意嘗試的團隊。

例如，剛剛拍完的《中元大餐》。瀚草影視的首部親子影視作品，曾瀚賢說他的起心動念很單純，他只希望有一部作品是可以和他的孩子一起觀賞的——「他也是用同一句話說服我的。」藍正龍說他和曾瀚賢年紀相仿，都有小孩，很快就被說服。「我看完劇本，其實就很被感動。」他分享《中元大餐》是一個喜劇包裝的生命教育，用人的生離死別為界線。作品不長，卻很深刻。「瀚賢老是會想出一些有的沒的，但每次都讓人覺得很特別、很期待。」

一群人做一樣的夢

出道超過二十年，藍正龍近年投入家庭，轉換重心，但仍熱愛演員工作。「這份工作這麼吸引我的原因是，它很像團體運動的感覺，教練要有戰術、球員要有體力與經驗——它是一個非常團體的工作，絕對不是屬於個人的。」

藍正龍說這個產業的幕前幕後沒有差別，團隊合作是首要，所有人要把最好的東西拿出來，炒出一盤好菜，端給觀眾享用。必須目標一致，才會有好的成果。「所以我很喜歡拍戲，我想要參與其中，然後一群人去做一個一樣的夢。」

在演員生涯二十年後，藍正龍認真地說：「我覺得啊，其實我們都很渺小，每個人都是。」製作一部影視作品，所有人都傾力希望它被看見，產生影響力。但藍正龍卻十分清楚，一個故事不可能影響所有人。「這是事實，你不可能用一部作品改變世界。」他說，會被一個故事影響的人，必須是對這個故事有興趣的人，但放眼全世界，每一個人都有各自的生命歷

程，有各自的煩惱、憂愁與快樂，沒有辦法引起所有人的興趣。一部電影拍得再好，這個人若是不想看，就是落空。

「全世界每一個地方都有人在拍戲，在現代受眾非常分流的狀況中，沒有大河了，要被看到是難上加難。」藍正龍分析完現況，卻沒有要打退堂鼓。「可是呢，專注做一件事情時，可能沒辦法影響到很多人，但它還是會有影響。」那些對你的故事有興趣的人，會迎面而來，而說故事的人只能懷抱初衷一直說下去。

「我們終究要回到初衷——為什麼寫這個東西？」在失去主流與非主流的界線下，找觀眾的方法五花八門，藍正龍說那是非常專業的工作，但他同時也認為抱持著一份單純的信念，抓好想要與觀眾分享的初衷，會是一盞幫助穿越迷霧的亮燈。

彩虹什麼時候會出現？

二〇一五年藍正龍以《妹妹》獲得金鐘獎戲劇節目男主角獎，他在台上分享了一段《波麗士大人》的台詞：「這世界大到就像彩虹一樣，但實際摸是空的，但空的不代表不存在，真的夢想是要靠你實踐，等到一點一滴做到，在某個時刻、某種溫度照耀下，這美麗的光芒就會出現。」

藍正龍說，直到現在，他還是常常向自己說這一段台詞。

演員工作，難在調適心境。「講直接一點，有時候你必須把自己想成一個商品，這個商品有時候會突然大賣，像是，冬天的暖暖包啊——」但當夏季來臨，暖暖包會被放在黑暗無光的倉庫，懷著不知道在下個冬天來臨前會不會過期的心情度日。藍正龍說全世界有這麼多受歡迎的產品，作為演員當然也想成為其中之一。「成名，是一個很魔幻的時刻，是一個人睡覺都會開心到笑出來，是讓你著迷的。」但他說，一個產品不會永遠熱賣，演員也不會紅一輩子。

這些年，他認為「中庸」很重要。「我們要把世界放大來看，當你一直放大放大，你會看到自己是渺小的。如果你一直在自己身上 zoom in，近到只看到自己的毛細孔，就會看不到其他東西。」藍正龍說的中庸不是置身事外，並非說所有事情與自身無關，而是要一直把自己拉回初衷。

「你到底為什麼喜歡表演？為什麼喜歡這個作品？演員要一直練習 reset、reset、reset……。」彩虹什麼時候會來？他不知道，但藍正龍很確定如果要看到彩虹，一定要堅持，不可以三不五時來一下，必須是不能離開的久候。「一定要站在那邊，等到哪一天，空氣的濕度、鏡面的折射對了，砰！它就會出現。」

黃健瑋——瀚草有讓人願意跟他們一起試試看的「魔力」

如今宛如已成為優質台劇代名詞的黃健瑋，最重要的戲劇主演可說就是和瀚草合作的《麻醉風暴》，從二〇一四年開始演出蕭政動醫師的角色，精彩專業的表現讓瀚草與黃健瑋都開始了全新的職涯黃金時代。

與《麻醉風暴》的奇妙緣分

黃健瑋回想《麻醉風暴》的合作，他提到：「其實當時早在二〇一四年，連職人劇這個詞都還沒有真正在台灣普及，我也是第一次接觸到醫生的題材，真的是從瀚賢開始，什麼都是自己來，很感謝他讓這部作品發生。當時要認真拍攝醫療職人劇，大家都是第一次，到底要做到什麼標準才夠『職業』，都是自己摸索，非常困難，但一路上受到製作方很大的支持，才有機會實現大家心中最好的理想。」

黃健瑋笑說：「其實雖然在《南風．六堆》就認識瀚賢，但我一開始與他並不熟悉，很簡單，就是劇本來了覺得很好！就想演！」他回憶當時的選角過程也是一番波折，卻有奇妙緣分讓他和《麻醉風暴》終於走到一起。黃健瑋坦言：「當時是吳中天先拿到這個劇本，劇本很棒！我很羨慕，想問可不可以我也試試看。後來中天因為檔期而不能演，而且很妙的是，當時我其實不認識慷仁，也還沒有跟他合作過，但他在選角過程提到了我。最後我也成功拿到角色，跟慷仁開始了第一次的正式合作。」這個過程簡直不可思議，但黃健瑋說：「我的職業生涯好像遇到不只一次類似的事，常常是劇組找到其他演員推薦我，但他們也都不認識我、沒跟我合作過，純粹覺得如果是跟我演戲、對戲，可能有點意思。」

黃健瑋再次強調：「那時就是劇本真的很好，真的很想演！故事本身很精彩，然後角色一方面是非常專業的麻醉醫生，然後又碰觸到創傷、失憶的部分，這些都非常有意思。」

到現在還是不知道他們怎麼辦到的

後來在合作《麻醉風暴2》時，湯哥加入了瀚草。黃健瑋回憶道：「當時第二季有一個大膽的決定，就是去約旦拍攝，這不但是台劇的創舉，而且拍攝一週就要花掉《麻醉風暴》第一季兩集的成本！回想起來，我一直都不知道他們到底怎麼辦到的，但他們就是鐵了心要讓這件事發生！我真的覺得非

常了不得！」

黃健瑋笑著說：「第二季的拍攝過程，我們是先拍在台灣的部分，最後才決定真的要去約旦。中間我們確實也有討論過無國界醫生的劇情，是不是就在屏東或找個類似沙漠的景，用綠幕與外國演員等營造出類似氣氛？但最後還是大膽地決定：去吧！」

遠赴約旦，成本高、時間壓縮，再加上當地語言不通必須透過多層溝通，劇組壓力極大。黃健瑋解釋道：「當時在約旦要拍的量，如果在台灣可能會拍到七至八天，但在約旦扣除前面的溝通，只有四天可以拍，臨演也都是當地的村民素人。都大老遠跑來這裡了，大家真的很想拍到很值得的鏡頭，才不虛此行。我很感動的是大家壓力很大，但群策群力，湯哥也親自飛過去坐鎮，很謝謝他成為我們的定心丸。」

最讓黃健瑋感動的就是拍爆炸戲的那天，那是在約旦的最後一天拍攝。黃健瑋回憶：「拍爆炸那天，我印象很深刻，那天工時已經只剩下十二分鐘可以拍，但我們還需要拍一整組鏡頭，這組鏡頭甚至包括我爆炸後的傷妝，現場還必須架小搖臂，以及各種落石的美術陳設。但大家在時間壓力下都還是想把事情做好，最後我們不但在十二分鐘內完成所有事，而且還拍了三個鏡次！當時最緊張的是特殊化妝指導儲乃（儲稼逸），他看著我、我看著他，因為要在很短的時間內做出疤與血，我們就互相鼓勵，拚一下！結果他在六分鐘內完成傷疤，然後我馬上一路撥開人群衝到現場，立刻就拍第一顆鏡頭！至今依舊可以說是我工作職涯巔峰！」

瀚草又創造了一個奇蹟

他笑說：「我只能說，瀚賢跟湯哥真的很有種，真男人來著！」

有緣的是，這其實也不是黃健瑋和湯哥第一次合作，他們在二〇一〇年的客台戲《阿戇妹》就認識，那也是黃健瑋第一次入圍金鐘最佳男主角。拍完《麻醉風暴2》後更有革命情感，也一直保持很好的關係，後來更在客家元素的《茶金》再度合作。

黃健瑋直言：「其實《茶金》的靳將軍角色最初也不是找我，因為一開始的角色設定是六十歲以上的老將軍。但後來角色找得並不順利，昇豪與慷仁都同時推薦了

我！我也要特別謝謝他們，結果他們一提之後，湯哥也是突然覺得其實可以，於是就和君陽導演一起確定了。」

黃健瑋帶點激動地說：「我覺得《茶金》就是個奇蹟，瀚草又創造了一個奇蹟。所有美術服裝、場景與車輛都已經盡全力，我覺得是超過百分之百的努力還原五〇年代，我真的不知道哪來的勇氣與神力！」他舉了劇中吉桑辦公室的例子，「其實那個場景可以簡單搭部分景，稍微弄一下就好。但導演與美術討論後都認為辦公室很重要，是整部戲的主要象徵，所以湯哥就決定多花了幾百萬建完整的場景，每個人走進去都嚇呆，因為那並不只是符合拍攝需求，而是創作還原整個場景，完全沒有死角！也讓演員帶入感非常強，我覺得這已經超出了一般我們認為的製片工作，他們身為製作方也加入了創意，讓創作者的創意得以發生，真正身處創意的核心角色，同時又是創作者強大的支柱。」

黃健瑋最後總結：「瀚草真的很有趣的地方是他們都在做『聞所未聞的事』！瀚賢與湯哥的組合也真的很棒，既有瘋狂的創意和創舉，又可以很務實地執行。一樣是創舉，別人提出來可能會讓人覺得過於瘋狂，但如果是他們，就會讓人覺得也許可以，他們有讓人願意和他們一起試試看的『魔力』！」

除了過去以演員角色和瀚草合作外，接下來黃健瑋與瀚草、英雄旅程還會有開發、製作及選角等不同環節的各種合作可能！

温昇豪——期許瀚草及合影視成為發動機

以《犀利人妻》成名的温昇豪，相較起吳慷仁、黃健瑋，和瀚草的正式合作遲至二〇二一年的《茶金》，但若說起與湯哥的合作，那已經是超過十年的老交情。

一直與客家文化分不開的緣分

温昇豪最早與湯昇榮有交集的影視作品是電影《一八九五》，同樣是講述客家人歷史、改編自客家作家李喬的《情歸大地》，兩人的因緣從這個起點開始都和客家文化歷史分不開。温昇豪回想當年青澀的自己坦言：「其實我是客家人，但我一句客家話都不會說。第一次有機會主演劇集《幸福派出所》，就是湯哥在客台的時候，他是知道我是客家人才找我去。當時我爺爺已經九十幾歲，我對於自己沒辦法用母語跟他好好講話，其實有點遺憾，所以我就決定演，也好好開始學客家話，就這樣開啟了一系列的合作機會。」

温昇豪表示除了學習母語之外，當時會答應合作更因為：「當時湯哥是副台長，我完全可以感受到他的熱血，他不只想要做好戲，而且有推廣客家文化的熱情根源，這點真的令人很感動。」

在《犀利人妻》爆紅、二〇一三年之後，温昇豪在幾年間試圖同步往國際市場發展，接了包括中國與新加坡等地的戲，較長的時間不在台灣，下一次與湯哥的合作就是讓他終於拿下金鐘獎的《我們與惡的距離》。温昇豪笑說：「我還記得那時候我在拍《雙城故事》，湯哥親自到拍攝現場找我，跟我說《我們與惡的距離》需要一位比較資深的演員擔任靜雯的老公，我當然沒問題，跟靜雯也是合作過，再合作可以襯托她失子母親的角色，是美事一樁。」

此後，陸續合作了《火神的眼淚》和《茶金》。而在《茶金》之前，温昇豪還和湯哥合作過客台的時代劇《大將徐傍興》，從這部戲到《茶金》，湯哥始終沒變的熱情讓温昇豪印象很深刻：「湯哥不但做戲的熱情一以貫之，而且時代劇劇組也長期培育了夥伴和人才，都是同一掛人，已經默契十足。十幾年後做出的《茶金》有著不變的熱情與更多的資源，真的就進一步繳出更精緻的成績單。」他笑說：「湯哥真的是焚膏繼晷，幾乎沒有私人生活，時間都奉獻給一部部劇。我從湯哥的做人處事看到的更多是真誠，沒有製片人的小心機與手段，即使有商業成本的難處，但都還是建立在真誠的溝通。我必須坦白說瀚草給的酬勞可能不是最豐厚的，但繳出的成績單卻可以讓人看到他們真的是把省下來的預算花在戲上面，讓戲在市場上、質感上都有更好的表現，自然也讓幕前幕後的參與者都有了更好的履歷、被更多人看見。」

背景與心境都深刻貼合的角色

談起《茶金》的合作，也是一波三折，温昇豪回憶道：「最早我同檔期在新加坡有工作，而且湯哥本來找我演吉桑，就戲分來說根本不可能接，還曾談過不然讓我演穆老，因為天數比較少。後來因為疫情關係新加坡的戲延期，KK的人選也一直沒有定，我們才重新談。」

KK彷彿和温昇豪是天造地設的一對，他長期以來一直與湯哥合作涉獵客家題材時代劇，而二〇一三年後的國際經驗，也讓他對KK的詮釋水到渠成。二〇一六年他以新加坡影集《星月傳奇》入圍國際艾美獎，和達斯汀．霍夫曼共同入圍，在典禮真正看到了國外影視盛況，回台後就一直思考如何能為台灣影視產業做更多事，接軌國際市場。

這些點點滴滴都成為他詮釋KK的養分，温昇豪直言：「我敢說，我對他的背景與心境應該會比一般演員更快參透、體會得較深。後來檔期空出來了，也一直認為瀚草對作品的執著與用心的程度真

的很高，所以當然就答應演出。」

瀚草、湯哥和林君陽導演也沒有讓他失望，温昇豪坦言：「我們在現場拍攝時就知道大致的製作狀況，當然知道這戲一定有水準。但實際看到成品時，我還是很驚豔，主要是整體的風格、音樂與剪接順序的調整，水準甚至高過我的想像，我真的覺得每集都像部電影，呈現的結果比我預期得還要好！」

談起《茶金》首次合作的連俞涵，温昇豪認為：「她真的比較辛苦，因為她其實客語、閩南語都不會說，我們約吃飯時她常常就自己一個人關起來讀劇本。但她骨子裡有一種叛逆，一直不希望以要哭要柔弱的封建型女性詮釋，這點她滿堅持，放在小吉身上也剛剛好。而且她是能量很強的演員，平常很低調，但一放到故事、鏡頭與影像裡，光芒就會散發出來。」

《茶金》裡的三角戀，最終ＫＫ選擇了夏慕雪，温昇豪直說：「這個對我來說是非常理所當然的，他們兩人都真的經歷過大風大浪，找的是一個歸屬，也隱含了族群融合的意義。」他也進一步解釋ＫＫ和小吉（張薏心）之間的關係，他認為：「其實小吉的設定比ＫＫ小十幾歲，ＫＫ對小吉的喜歡不是純粹的愛，更像是看到一個年輕新時代女性的讚賞。但ＫＫ畢竟是走過世界各地、在戰亂中成長的洋派心靈，他看到一個不婚、有自主性的新時代女性當然覺得很好，但如果往下走向戀愛結婚，那就又回到社會期待了，也不太合理。」因此他笑說：「現場在演的時候，我與君陽導演就很仔細地拿捏眼神和演出的細節分寸，我們都認同ＫＫ對小吉眼神的『關愛』可以說是多一點也不行、少一點也不行。」

十年之後

過去以演員身分和湯哥合作，未來隨著合影視和六魚文創的成立，也將進入一個新的合作紀元。温昇豪分享道：「首先，我想做自己的作品已經超過十年，之前一直想開製作公司，現在也正在轉型成為製作人的路上。」在合影視的記者會上，温昇豪公布了與湯昇榮共同創辦的六魚文創，以及將推出以「整型」為題材的第一部作品，温昇豪笑說：「湯哥現在每天都在跟我討論這個案子！」

不過，雖然一方面轉型成製作人，温昇豪的重心也還是會放在表演工作上。因此與經驗老道的製作人湯昇榮合開製作公司，能一起分攤製作的重責大任，對他而言是最理想的狀態。

如同先前所提，温昇豪在遊走一遍國際市場後，一直期待台灣的華語劇能夠越來越多元、越來越健全，進而接軌國際，這也是他和瀚草、湯哥進一步深化合作的關鍵，因為他們有著同樣的願景和視野。温昇豪總結：「希望瀚草及合影視可以成為發動機，集合世界各地的自由華人人才，共同產製能在國際市場讓人驕傲的作品。拿到更多資源並成就自己的時候，我們也會莫忘初衷，再把資源分享給更多年輕一輩的人才。」温昇豪和湯昇榮的共同理想，或許也正應了《茶金》結尾的隱喻，他們希望把台劇做出品牌「出國比賽」，對內團結一體、對外打出成績。面對著世界，瀚草和ＫＫ、湯哥和温昇豪，都如同劇中的小吉，抱著孤注一擲的決心。

製作人

徐青雲——《茶金》的思維：越在地越國際

「客語喔，你聽不懂有什麼關係，我們有字幕啊！」《茶金》的製作人徐青雲笑說她過去聽不熟悉語言的劇集時，的確也會有難以進入的感受，但近年來OTT平台崛起，觀看各種國家的影視作品變得更容易，人們似乎也越來越習慣接受各種語言及文化。

「有一天會議上，我們在審帶子，一邊看著《茶金》播放，一邊討論說：『以後賣片，會不會有廠商跟我們說，要配華語喔。』」會議室裡的大家都愣住，然後笑了出來。「這很奇怪吧！」徐青雲解釋團隊並沒有「大客家主義」的態度，也沒有認為客家必須擺在一切之上。「可是客家文化事實上是存在於我們生活周遭的啊，是很自然的一部分。」這一份自然，似乎象徵一種進步。

「原住民、移民、新住民，因為工作、婚嫁或任何原因陸續踏上這塊土地的人，他們的存在都是很自然的呈現。」這是徐青雲認為台灣文化和諧的容貌。

而這些在地文化，或許會成為台灣被世界看見的美麗火花。

「我在做《茶金》的時候，其實一直在思考一句話，就是『越在地，越國際』。」徐青雲認為爬梳台灣歷史文化，客家，都是非常有標誌性的「在地」。「我們預期台灣的觀眾會喜歡看《茶金》、喜歡看《天橋上的魔術師》、喜歡看《斯卡羅》，那我們是不是也能夠讓國外的觀眾喜歡？」徐青雲把這個想法擺在心上，除了被國際看見，在台灣留下些什麼，也是她心心念念的使命。

「做時代劇、歷史劇是我的一個堅持，我非常清楚知道它就是必須做，一定要做，不做，被遺忘的就會越來越多，資料會越來越難找，我們能做的田野調查也越來越困難。」她分析《天橋上的魔術師》或《斯卡羅》是有文本改編，但《茶金》則沒有文本可循。「當你什麼都沒有，爬梳脈絡的難度相對很高，它真的需要很多堅持。」徐青雲接著說：「需要很多孤獨，需要很多不計代價的投資。」

瀚草影視，就是那個在背後不計代價投資的公司。「我很佩服瀚草願意投資，每一分每一秒都是錢。」徐青雲認為經營一間公司最大的重點就是：「中心思想在哪裡？」徐青雲說她很常問這句話，對人、對事，反覆確認自己堅持的思路有沒有偏移。

「製作影視作品真的很難，盈利不高、利潤很低，製作過程可能會遇到錢不夠、人不夠、打掉重來的常事。你有沒有那個勇氣？那就要有你的中心思想是什麼？你有多想要堅持？」

《茶金》是徐青雲第一部從頭到尾緊密參與、扛下製作人重責大任的作品。壓力一定有，但她卻笑得很開心，像是打了一場輸贏都別具意義的球賽。他們組隊，以沸騰的血液讓寫在台灣這塊土地上的文化足跡被看見，有朝一日，更要以影視作品被世界看見，一如「茶金」的光榮盛世……。

行銷夥伴

蔡妃喬——瀚草有好劇本，我們行銷就能讓它走得更遠

可謂目前台劇行銷第一品牌的結果娛樂營運長蔡妃喬和瀚草的合作始於《麻醉風暴2》，談起當時開始合作的原因她笑說：「《麻醉風暴》第一季我就非常喜歡，覺得『哇，這戲這麼好！』當時就一直想做到他們的戲，所以他們第二季來找我的時候，我當然立刻就答應了！能夠做到好戲，是我們最大的心願！」

於是一路上結果娛樂和瀚草合作了《麻醉風暴2》、《逃婚一百次》，也是因為湯昇榮的介紹而做了《我們與惡的距離》的行銷，建立了深厚的革命情感。

蔡妃喬回憶《麻醉風暴2》合作行銷過程最印象深刻的點，她表示：「當時《麻醉風暴》有第一季建立的品牌口碑，第二季拍攝時就背負了很多期待。」雖然壓力山大，但她特別稱讚湯哥的大器與尊重專業，放手讓他們做了很多嘗試。她特別提到：「在做戲劇行銷時，和製作公司的默契和互信很重要。當瀚草可以做到非常好的戲劇內容、文本很扎實又對我們有信任，一起確定目標後湯哥就完全放權給我們，我們可以進行整套的深度行銷。」

抓到大眾生活經驗共通點

當時結果娛樂剛做完《一把青》的行銷，《一把青》是時代劇，行銷難度也很高，蔡妃喬說明她如何透過這次經驗思考《麻醉風暴2》的行銷：「我覺得《一把青》與《麻醉風暴》其實都是從很專業的洞裡看到人性，當時第一季獲得很多醫療與專業人士的肯定，但一般大眾比較沒有打到；而我行銷《一把青》面對的課題也一樣，它是專業度高的好戲，但如何協助它擴及到不是文學改編、空軍題材與時代劇迷的一般大眾？我認為抓到觀眾生活經驗的共通點還是最大的關鍵。」

蔡妃喬舉例：「像當時八仙塵暴，很多人會質疑或好奇為什麼傷者有些會送到那麼遠的地方？其實醫療後送的問題《麻醉風暴》也有討論，包括檢傷分類等各種問題，就能夠把專業與生活經驗結合起來。我們的工作其實就是從戲劇脈絡裡抓出他們已碰觸到的實際事件和問題，把它以行銷方式清楚地打出去。」

《麻醉風暴》第一季時已經開始試圖建立醫界信心，希望先深入瞭解麻醉醫師依舊持續並深化進行。蔡妃喬回憶道：「瀚草的劇本夠穩，我們可以相信劇本內容，自然就可以自信有力地協助與醫療界溝通，同時思考專業如何結合生活經驗，並思考藉由戲劇可以讓大

家更瞭解麻醉醫師是什麼？重點在哪裡？」所謂的文本夠穩就在於它背後的扎實度，蔡妃喬舉例：「像很多人都問到黃健瑋飾演的蕭醫生為什麼會去當無國界醫生？因為麻醉醫生在生死遊走之間的第一線，他們實際的工作會跟隨非常多台刀，其實流程都瞭然於胸，但主責僅限於麻醉。這樣特別的位置，會讓他們想為了病人的生命做更多，所以實務上，就是特別多麻醉科醫生會投入無國界醫生的工作。這樣經得起考驗的劇本，我們自然有信心展開各種深度對話。」

所以《麻醉風暴2》除了與麻醉公會合作外，也和各大醫學院舉辦很大型的校園活動。蔡妃喬說明：「我們的演員都是非常專業的實力派演員，對劇本和角度有深入的瞭解，並非粉絲向的偶像派，所以我們的活動設計為專挑醫學院的專業人士進行深度對話。我們當時在台大、陽明、北醫等等都辦了活動，但難題之一是思考每間學校要有什麼不同的主題；二是我們當然不可能是去聊醫療專業，但又要有相關，那該怎麼做？」

在陽明大學，企畫的重點放在實際醫療行為與戲劇重現張力之間的差異，蔡妃喬說明：「專業一定是醫學院自己最瞭解，但我們談戲劇重現的過程中，為什麼有時在呈現氛圍時未必『寫實』，其間如何以鏡頭、音樂與音效等方式為了戲劇性而處理。」到了台大，我們找來侯文詠談第一次遇到病人麻醉後沒有醒來的經驗，侯文詠的經驗是一個小朋友，事後他一個人回到台大校園沉澱，更希望之後可以做得更好，那個經驗讓大家都很有感。在北醫則從「醫療健康」的角度談醫護人員的堅持，如何在高強度的職場維持自己的心理健康，也是《麻醉風暴》另一個談的重要面向。

而最大的考驗出現在北藝大與和信醫院的對談，蔡妃喬說：「剛好和信醫院在北藝大旁，邀請了醫院院長以及北藝大出身的黃健瑋、莊凱勛與施名帥對談，但他們的專業其實有一段差距，我們如何在表演和醫療之間抓到共通點？後來我們想到院長教出了非常多醫生，而北藝大其實作育了很多演員，兩個演員努力至今演了這麼多戲，他們對自己職涯是否曾後悔？如何咬緊牙根走下去？談職涯上的困難與堅持，找到雙方的對談點又可以和戲劇主軸遙相呼應，但這其實沒有那麼直覺，所以中間需要很多的思考和討論。」

深度田調都是我們的基本功

除了行銷活動，結果娛樂也為《麻醉風暴2》協調商業置入，蔡妃喬直言：「這是專業的醫療職人劇種，所以置入並不容易，必須有更強的合理性和脈絡性，置入才不會顯得突兀。我那時只談了兩個，一個是樺達喉糖，二是手搖茶。因為所有醫生都必須恪守不收禮的原則，所以大家會送的只有並不貴重的樺達喉糖。因為這是醫療體系最古老的藥方之一，對喉嚨又非常有效，而醫生隨時需要喉糖。二是因為醫護人員常常沒有時間坐下來好好吃飯，所以手搖茶最大宗的訂單之一，其實都是護士、醫生，而且他們非常需要咀嚼性的配料，因為飲食習慣不正常，訂一杯手搖茶就可以整個下午隨時喝幾口，手搖茶成為醫院的日常風景。」

從這些用心可以看到，結果娛樂在做異業整合行銷時，對於戲劇內容也會自行展開田野調查深入瞭解，並不是以一般商業邏輯一概而論，所以蔡妃喬也笑說：「其實我們的工作就是不斷和大家聊天，像做《一把青》時，我們會與家屬、藥廠和醫生聊天，自然就會慢慢抓到這些點。」這點用心和湯昇榮立基田調的劇本剛好不謀而合，也讓人格外理解為何雙方合作多年也合作愉快。

蔡妃喬也補充道：「在合作過程中，行銷會丟出很多需求，好的製作方不只是會迅速正面回應支持，還會主動補充有什麼可能。瀚草同仁的好處就是他們不是只瞭解內容，對於市場、平台與媒體的需求也有相當的瞭解，所以可以更敏銳、更快速地回應我們，同時也有行銷人員可以補位，一起創造出更多的可能。」

對於未來和瀚草的合作，蔡妃喬也充滿了熱情，她笑說「瀚草做的戲都那麼好，我們當然都很願意合作。像《茶金》作品那麼好，我們因為在忙《斯卡羅》而錯過，但只要作品好就會讓市場看到。我認為好的製作方有能力透過戲劇，讓觀眾體驗沒有活過的生活，我認為瀚草有這個能力，我們行銷端能做到他們的作品，真的都很幸福、很開心。」

合作夥伴

▶台灣大哥大——從《誰是被害者》到合影視的天使投資人

台灣大哥大（及旗下的串流影音平台 MyVideo）是近年來瀚草最重要的投資合作夥伴，投資作品已經有《誰是被害者》、《火神的眼淚》、《2049》三個戲劇單元與動畫問世，後續不但還有合作中的計畫，更投資了瀚草文創發起的合影視，同時也積極參與英雄旅程主辦的「野草計畫」。作為投資方，台灣大哥大為何選擇了瀚草，又在他們身上看見什麼，所以不斷持續並深化合作？

大膽支持源自於互信

李芃君身為台灣大哥大主理影視相關事務的新媒體服務副總經理，除了影視外也督導音樂、遊戲等所有數位內容，工作

新媒體服務副總經理李芃君

影音事業處副處長邵珮如

層面一是運營，二是找到好的內容標的投資，而所有項目評估都要獲得評審委員的同意。談起和瀚草的合作，李芃君首先笑說：「真的是要感謝邵珮如超級有guts！她才是第一線跟瀚賢與湯哥最密切溝通的人，是她的全力支持才有機會投到《誰是被害者》和《火神的眼淚》這兩個大案子。」

影音事業處副處長邵珮如回憶：「最早開始與瀚草接洽是在二〇一九年，但第一個案子會投到《誰是被害者》其實有點誤打誤撞。我們一直都在找適合投資的項目，串流平台就是這個新嘗試，我們最想找的其實是職人或類型劇，因為我們看到職人劇在平台數據上非常『普及』；其次則是女性出發的故事，可以有效地吸引到女性觀眾。所以我們本來就想要投《火神的眼淚》，但《誰是被害者》本來不缺投資方，後來因緣際會有資金缺口又符合原本在找的類型劇。」

李芃君補充：「其實《誰是被害者》與《火神的眼淚》這兩部作品以台劇來說，預算規模都比較高，所以有些原先既定的投資常客就會猶豫，尤其是財務投資人會擔心回收風險。尤其像《誰是被害者》以當時來說成本相當高，是完全以國際級品質規畫，所以最早也是找到國際投資方，但後來對方因故退出，必然要找其他投資。」邵珮如笑道：「對，當時我全力支持，也非常謝謝公司相信我，並共同堅持這個在當時算是大膽的決定。」

李芃君感嘆地說：「當時的瀚草其實已經願意主動嘗試，率先走國際高規格路線，後來大家都看到《誰是被害者》或《華燈初上》的成績，就可以理解為何要這樣做。但當時瀚草是在沒有前例的狀況下，率先希望突破台劇的天花板，《火神的眼淚》也是。珮如的眼光很好，當時就這麼大膽一定是與瀚賢、湯哥取得溝通的互信及默契。我們不同於其他財務投資人的地方就在我們自己有平台，可以直接進行推廣與綜效，也可以從訂閱和流量拿到回收。所以當時的評估就是既然類型屬於自家平台容易發揮的題材，只要品質也好，我們就有更多槓桿做出回收的機會。所以我們其實是要確保團隊的執行力，只要能如規畫拍出一樣的品質，我們在投審會就能做出相應的評估與背書。」

邵珮如也非常感謝李芃君副總的全力支持：「我在前兩部投資，必須進行許多評估確認。當然也有一些好的機緣，因為瀚草在公視已經推出《麻醉風暴》，湯哥更是在先前就有很多成功的作品。我們要投資，當然希望作品能有代表性，所以其一是花了很多心力溝通確認；其二關鍵還是在評估團隊先前的作品，包括製作人與編劇等團隊組成和過去經驗。我們很幸運剛好碰到瀚草，我們確認了他們不僅有良好的執行能力，而且在市場行銷上也很懂得如何為作品加分，抓得住消費者當下會受什麼吸引。」她也大讚李芃君副總一旦確定了就全力以赴的氣魄：「像《火神的眼淚》劇本裡就寫了三場大火戲，製作方為了減輕預算壓力曾建議要不要刪減成兩場，副總直接說沒關係，尊重創作，維持本來規畫，一樣支持投資。」

邵珮如補充：「除了在製作執行和行銷上的能力，我覺得瀚草尊

重投資人，會主動幫投資人著想這方面很受用。例如在談《火神的眼淚》與《2049》的時候，他們立刻就主動說我們集團有產險、壽險，在行銷合作可以如何讓大家對保險不要排斥，並瞭解保險是防患於未然。」

彼此都懷有的使命感

談起與瀚草合作以來印象最深的感動，李芃君特別還是提到《火神的眼淚》，她坦言：「其實上檔前，覺得消防員議題還是比較偏硬，主角又不是那麼明顯，是多線敘事；就題目來說也不算太創新，國內外很多有許多類似作品而且又很燒錢，雖然議題好也頗富社會意義，但也還是會擔心拍出來的效果。不過，成品卻是讓我非常驚豔，不只編導田野調查很扎實，拍出來的情節很感人，不是只賣社會議題，情感面都處理得很細膩，讓人笑中帶淚、淚中帶笑，幾個主角都刻畫得很深，演員的選角與演出都讓人非常印象深刻，我必須說在播出時我真的非常訝異，可以說超越了我的想像，對消費者造成的影響也非常驚人。我每次看到現在很多記者、一般民眾開始知道消防員什麼能做、什麼不能做的時候真的很感動！好劇不但感人，還發揮了正向的社會影響力，這真的是很棒的結果。」

在長期愉快合作的默契下，台灣大哥大未來與瀚草也會持續合作。邵珮如提到受疫情影響停拍的《中元大餐》：「這是由富邦孵育的兒少題材，由瀚草製作，如果不是疫情停拍，其實二〇二二年就會跟大家見面。未來與瀚草的合作則可以分成幾個面向，其一是瀚草本來就持續在開發許多影視計畫，自然會持續選擇適合的項目投資合作；其二是合影視，這是台哥大與瀚草更深入且擴大的合作，共同讓影視注入更多活水；其三是持續積極參與野草計畫，讓我們更瞭解各個平台、投資方對於計畫本身的看法、學習市場上的趨勢，同時也參與瞭解劇本開發的過程。

最終，李芃君特別強調彼此在品牌思維核心的相似，隱隱地也是促成台灣大哥大和瀚草合作的因素：「其實我們的大董蔡明忠本身就很有使命感，瀚賢也很有產業的使命感，所以像是野草、合影視等雙方的合作，都帶有希望讓影視產業化的使命感，也希望促成上下游的整合，彼此都很希望能協助影視生態圈的組成。」

SP

CHAPTER

對談

SCENE

夢想家＋實踐家

「我真的忘記有這些照片了！」曾瀚賢的驚嘆中夾雜感嘆與害羞。

應編輯要求，湯昇榮從不知道收在哪個深處的資料夾中，挖出一堆與曾瀚賢認識以來的合照。

「欸，這張，我們去巴基斯坦，你剛起床的臉。」湯昇榮點開一張近二十年前的照片，曾瀚賢削瘦、黝黑，一雙炯炯有神的眼，對世界好奇的臉，急欲探索未知。眾人驚呼照片中的少年與現在的差別。

曾瀚賢和湯昇榮倒是很鎮定，改變是必然的，而不變是珍貴的。

「那是曾瀚賢第一次出國！」湯昇榮笑說，照片裡他們兩人並肩燦笑，他說曾瀚賢傻傻的，問他要不要去巴基斯坦，想都沒想就說好。此時，兩人推來推去互相笑著，看起來又跟照片裡沒什麼兩樣。他們的情誼、眼光、對世界的好奇心，仍然閃閃發亮。

Q 《茶金》播出第二集，便發生「四萬塊換一塊事件」。觀眾質疑戲劇內容與歷史不符，引發熱烈討論。你們怎麼看待《茶金》引起的爭議？

湯昇榮（以下簡稱湯）：影視產業很常會遇到這樣的事件，我們必須花時間溝通。製作《茶金》的整個過程裡，我們都很清楚自己的理念，也沒有違背工作樣態，按部就班。我們很清楚自己的做法，誠正、信實。當質疑發生，就盡量保持自己內部的一種穩定。真的遇到了，就誠實面對、解決，其實觀眾都會理解。當然心情上會有振盪，一個很用心的作品受到負面影響，但既然已經發生，就以不傷害更多人的狀況處理就好。

曾瀚賢（以下簡稱曾）：很難透過戲劇詮釋「所謂的真實」。如果全部真實，那或許會叫做記錄片，對嗎？戲劇裡，一定有我們想要節錄真實或表達的一些核心組合與價值，一定會挑選，一定有東西沒辦法講得那麼全面。

歷史是一群人對過去生活的一種記憶，有時候會有很多不同的詮釋角度。這次《茶金》發生的事件，對我來說並不是一件只與《茶金》有關的事件，而是往後在做歷史題材時的一種參照。就是發現「喔，原來觀眾的焦點會在那裡。」重點是，還是要持續地做，不斷拍出好的題材。我們不也是因為《茶金》，才有機會回到歷史層面討論？這種價值，其實遠大過於所謂的真實辯證。

湯：我覺得台灣的戲劇值得有各種可能性，我們有沒有可能形塑一個大家都願意嘗試、願意衝撞的環境。拍《茶金》我們很開心，一個製作團隊可以這麼多元，這是我們對自己的肯定。嘗試的時候會得到一些迴響，如果是負面的，我們會更謹慎、更小心，但這些關注不會阻止我們繼續嘗試。一齣戲就是要有人看、有觀眾討論，討論得越清楚，就越能凝聚共識。

這些年來，瀚草有越來越多不同的類型題材，若我們有力量，我們就再試試看。

Q **像歷史劇這種台灣產業還不熟悉的劇種出現後，發生了爭議，或需要更多與觀眾溝通的地方後，你們自己的心情或產業界的回饋是什麼？會影響未來選題時的考量嗎？**

湯：我們獲得很多關心與支持，也覺得這是製作新的題材時會遇到的事。看台灣這麼多年來有很多論戰、交鋒，各種思想的撞擊都被包容在這塊島嶼上，這是台灣最可貴的地方。我們永遠不能離開的是，給予創作人自由意志的想像。

曾：我們還是很有勇氣挑戰一些大家本來不太願意碰觸，或是說還不知道該怎麼呈現的題材。不會因為有爭議就不敢做，或就不要做了。如果今天這個事情最後的效應是：那大家都不要做了。我覺得這是更大的負面結果。

在選擇比較難控制的題材、沒有完整定論的題材時，我們一定會有些抉擇，到底應該取材什麼？最後應該怎麼形成一個說故事的主題？這是所有說故事的人都在面對、抉擇的處境。

回過頭來看影視的狀況，確實近幾年有多一些資金進來，大家願意呈現各種題材。例如，大家都覺得歷史題材很重要，我們都知道好像當我們都對歷史有多一點認識，這些歷史或許就可以幫助我們更理解自己從何而來、要去哪裡。可是，我們想像，當我們想要處理這些題材時，如果這個故事的整體壓力全部都在說故事的人身上，那他必須背負著什麼才能創作？他要是一個歷史系教授才可以來拍歷史劇？哇，我覺得這是非常大的壓力，沒有太多人會願意承擔這麼大的壓力做事。

從青春走到壯年的事業好夥伴

其實台灣的影視產業還是很脆弱，現在有好的機會，未來也可能有更好的機會，我們要思考的是怎麼把這個看似越來越開放、有希望的環境延續下去。老實說，此刻看起來的榮景，主要都還是靠主創團隊在燃燒熱情，你看《茶金》、《斯卡羅》、《天橋上的魔術師》，都是有一群很堅定、對題材異常熱愛的創作者在背後支撐，他們花費常人無法想像的精力琢磨，才完成這些作品。也就是說，拍出好的作品，還是一件很困難的事。當產業鍊不夠完整，靠的還是燃燒熱情。

《茶金》上映後以及它延續的事件，其實更突顯了問題——絕對不能自限於歷史事件的辯證，更重要的要面對自己、團隊、產業的提問：我們到底準備好了嗎？我們可以做更多不同的題材了嗎？產業有能量做這些事了？觀眾的狀態是什麼？

Q 二〇一〇年《海角七號》成為台灣電影產業復甦的指標，近幾年台劇的熱潮被稱為「台劇復興」，瀚草影視的作品也在這股浪潮中擔任領頭羊的角色，你們怎麼看待這股熱潮？

曾：有點不一樣。《海角七號》當時是一部電影的成功帶動更多資本投入，改變一些生態，那是一個「奇蹟」的感覺。但現在我們迎來OTT的興起、國際頻道的興起，這個產業面貌的改變不只是資金的改變，甚至也改變了觀眾對內容的看法。而觀眾對內容看法的改變，連帶改變人才、資金、市場，一切都在劇烈變化當中。OTT帶來的改變確實像是一個浪潮，它帶來的影響也許會是十年、二十年。

這將考驗從業人員有沒有辦法把握住時機。當環境成長時，我們會看到產業的不足，我們可不可能把這些不足培養、累積起來。現在遇到最大的短缺就是人才與片場。團隊的人才缺乏以演員最明顯，因為不管什麼戲，目前都是這些演員在來回組合。拍攝場景也是，最近我們在拍一部刑偵片，租了警察局的空間，結果樓上在拍片、樓下也在拍片。你想喔，那表示未來看劇觀眾看到的空間都是同一個。觀眾會被滿足嗎？觀眾現在接觸五花八門的題材，國際作品的門檻幾乎已經消失，大家也有了更多觀影需求，我們必須要有很好的轉型與調整，才有機會跟上。「量」好像有了，但是「質」有辦法提升嗎？

顯然，目前看起來是很好的時機，但同時也考驗我們自己有沒有辦法向上提升，不讓一切變成一場泡沫。

Q 在這樣的浪潮中，瀚草影視的下一步是什麼？

曾：我們期許有不同的樣貌。接下來瀚草會有不同國家的員工，並以更闊開的視野一起來思考內容。台灣的影視產業不是加工出口區，不是我把它做好，然後賣出去。我們在想的是，如果我們與新加坡人、日本人、韓國人一起做內容，我們可以思考關於亞洲的故事，甚至是跨亞洲的題材。未來作品的取材會越來越不一樣，雖然還是從台灣出發，但當與我們一起工作的人來自不同的地方，想必會在內容上給我們不一樣的撞擊。

這不是突發奇想，而是經過反思的。當我們與 Netflix、Disney+ 接觸，他們會問我們，為什麼他們看過一輪台灣的影視作品，大部分的題材都在同一個範圍內？為什麼沒有跳出框架的作品？好像所有人都在同一個範疇內思考——這給我們很大的警訊。

延伸的後果之一是國際平台不一定會想與台灣合作。他們會假設我們能做的內容都「差不多」，當我們的會員數不敵其他國家，那他們就會把資源擺在更能帶給他們影響力的地方。所以我們才希望藉由國際合作，把人才、內容、資源帶起來。

我們試著往外走，不是要離開台灣，是站在台灣，一起嘗試一些新的東西。

其實這也不是我想的，都是湯哥想的。早在國際平台還沒來台灣，他就說我們一定要跟國際平台合作。現在國際平台來了，他就說一定要趕快跟國際合作，趕快把題目做出來。

湯：我是夢想家，他是實踐家（笑）。

Q

瀚草影視有雙魚座浪漫的夢想家湯昇榮，以及金牛座固執謹慎的實踐家曾瀚賢，你們合起來力量大，現在又成立募資的「合影視有限合夥」。請分享你們對「合作」的想法。

曾：「合影視」的概念就是想把力量合在一起。我們不只討論優點，也要接受缺點，然後看得更清楚，思考「我們」怎麼把優勢聚集起來。合在一起，我們可以截長補短，互補不足，合力，用最大的力量面對國際的大趨勢。

當面對國外強勢的作品，我們不應該只是用「複製」的概念。每個人、每個地方都有獨特性，當每個人的不同被放在一起的時候，我們就有力量看到更多角度，更能有獨特性，而不是同一群人、同一種思維，一直複製。然後，當這個環境更能接受不一樣、多元與獨特時，就可以激起更多人創作，讓更多人願意投入、學習。這對我而言是最重要的。

湯：是啊，獨特性很重要。我們就長這樣，像我長得矮，我就要想辦法讓人家看見自己的樣子，台灣的樣子。

我們看過太多所謂的成功人士了，他們其實從來沒有想要從別人身上學到什麼，反而認為從自己身上長出來的東西才是最可貴的。我們要打破成見，要認識自己，然後長出那個全世界獨一無二的東西。

曾：我們以前舉辦「野草計畫」工作坊，邀請來國外事業人士來台進行劇本診斷活動。哇，我們很驚訝，這些國際師資講述之詳盡，我都有點懷疑這些細節可以說嗎？這不會是商業機密嗎？以前在台灣確實會因為市場特性，形成一種內縮、大家互相防備的狀態。但未來很明顯是一個寬廣的市場，我們必須以更開放的心態迎接——這是勢必要走的一條路。

湯：對，合作就是我們的核心概念，整個瀚草就是這樣。一株小草透過合作、學習，長成浩瀚草原。一定要合作，我們這個產業才可能走到最美的地方。交會時，大家互放光亮，走出去後，我們又各自照亮別人。

後記

時間可以給困難、困頓一個巴掌！

湯昇榮
瀚草文創股份有限公司董事長

要為這一本瀚草成長的專書做一個結論、後記，突然覺得極度困難。負責公司行銷的小卓不斷催促我交稿，除了每日大量工作紛沓而至之外，千頭萬緒也讓我常常想逃避這件「很裡面的」心情。

瀚草藉由一件一件作品、一次一次的策略、一波一波的開創，常常有一些媒體與業界友人前來拜訪，想瞭解我們團隊的發展策略，其中聯經出版公司幾番盛情拜訪，期待將我們的創作理念，以及我們幾齣重要作品的創作故事出版成書，兩年來安排了多次訪談，我與瀚賢也藉此回顧一路走來的心路歷程。

二〇〇二年，瀚賢退伍加入我的工作團隊，幾經輾轉，二〇〇八年他創立了瀚草影視，我在二〇一五年決定加入他的瀚草影視與英雄旅程。在二〇二二年，經過幾年的積累與準備，我們決定轉換成面向國際及多元發展的「GrX 瀚草文創」，還有台灣第一個影視投資基金——「合影視」，本書記載了過往每一次的演變、幾部重要作品背後的故事，還有升級成二・〇的瀚草到底如何成形。

猶記得二十五歲退伍後，正好迎來台灣影視產業的大爆發，有線系統台以及衛星電視台成為當時正夯的產業，「Cable 台」吃到飽收費的設計，種下了台灣電視後來發展致命的影響，誰都想來參一腳，媒體發展進入全盛時期。一九九六年，網路、數位化剪接作業啟動了工作的變革；二〇〇二年台灣3G頻譜釋出，手機可以直接收看節目與影片，二〇〇四年中華電信推出MOD服務，二〇〇五年Youtube啟動，一般觀眾開始創作影片上傳，素人影片、網紅，以及各種私藏、官方的影視節目扭轉了觀賞節目的生態。二〇〇七年iPhone上市，我們更加依賴手機帶來生活全面的便利性與娛樂性；二〇〇八年《海角七號》以破紀錄五・三億的票房改寫了台灣電影史，開啟了台灣電影的市場的新契機，觀眾與戲院更願意支持台灣電影。後來近十年來，4G登場，而Netflix等串流平台與OTT的發展就不再贅述，影視生態的大變化讓產業進入了大洗牌，「內容」終於來到主位，創作者與節目製作公司逐漸改變一直用盡蠻荒之力面對電視平台的主導支配與戲院通路的限制，瀚草在推出《麻醉風暴》、《紅衣小女孩》後找到新的推動方向。本書就是以我們這段過程發展作為書寫內容，期待可以給產業內外的夥伴或影視研究者認識我們的核心思維、工作系統的建置與工作經驗，這也是我們當初與聯經邀約時的共識。

時間可以給困難、困頓一個巴掌的。

暮然回首，那些曾經意難平之事，已可隨風逝，已可成為我們前進的動力與成長的養分。前人爭議著知易行難、知難行易，有些人連想都想不到，有些人即使知道也做不出來，這是產業輪迴般的日常，但是，待在這個產業是我們自己的選擇，我們沒有悲觀與放棄的理由。工作多年，產業瞬息萬變，當我們專注每個影劇案子的推動，也一定同時關注產業的趨勢變化，這是長久以來的工作習性，就是為了找到活路，讓戰力可以延續。

瀚草孜孜不倦地進行新的演化，這是我們給自己的功課，也是自己的職責與社會責任所在，我常常與友人聊起，台灣影視發展脈絡中的許多前輩，給了我們許多養分，讓我們走到今天，也到了我們該回饋給產業的時候了。瀚草想要往大目標邁進，必須尋找更多同行的夥伴；台灣影視音圖文……產業要有一個共好、共進、共榮的整體景況，就要互相拉抬、互相合作，甚至尋找更多不同產業的先進攜手共同努力，瀚草的終極目標才能成立。

國外的觀眾不會真的記得哪一家公司，但我們可以讓他們記得ＭＩＴ，記得台灣製造，韓國就是這樣做到整體國力提升的，不是嗎？

瀚賢跟我在此要特別感謝一路幫助瀚草成長的陳國富、張家魯、郭玉清、吳明憲、林昱伶、馬天宗、李玲齡、李銘杰、林逸心、張高祥、張宇、蔡明忠、林之晨、莊絢維、陳信吉、徐國倫、北村豐晴、程偉豪、蕭力修、王童、李道明、詹婷怡、胡青中、張鳳美、葉如芬、李烈、方臨、許瑋甯、吳慷仁、温昇豪、藍正龍、陳藹玲、李芃君、邵珮如、沈東昇、黃河、黃健瑋、蔡妃喬、林君陽、徐青雲、李淑屏、林心如、李靜平、侯文詠、許菱芳、楊宛儒、趙珮安。

我也要謝謝瀚賢，有一個一起奮戰的兄弟夥伴，即使工作再多困難，我還是感覺非常幸運。常常到了半夜，公司只剩下我們兩間辦公室的燈還亮著，難得二十年的友誼，工作上的拍檔，彼此的信任與相挺，遇到再多荊棘與困難，我們還是要繼續拚下去（還有我們的體重……）。

一個人可以做自己的事，一群人可以完成大家的事！

我與瀚賢從二〇〇二年開始到二〇二二年，我們從合影視、GrX Studio 瀚草文創啟航另一段新的旅程了，邀請大家與我們同行，走一段冒險的路！

謝謝讓這本書出版的每一位朋友，盼望真的可以提供大家一些有用的東西。

瀚草影視・員工訪談

作為企圖為影視產業打造影視生態圈的公司，其內部如何運作、落實或想像各職位之間的互助合作？我們特別訪問了瀚草從ＩＰ開發、製作、後期與行銷等幾位不同職位的員工，從實務看見瀚草內部生態系的雛型，也從自身員工的角度看到瀚草企業形象與內部溝通方面獨樹一格的風格與生態系經營思維。

後期總監趙偲伃／《麻醉風暴2》後製期加入瀚草

世新廣電畢業後的趙偲伃曾在片場擔任演員管理等職，看到瀚草徵行銷企畫，便懷抱興趣前來應徵，在《麻醉風暴2》後製期正式成為員工，也因為有製作經驗便轉任公司內部的後期製片。她說：「其實後期製片的工作與現場製片類似，只是時間不同。現場拍攝時，製片要整合不同部門，後期的工作則是在殺青後才開始，在剪接、混音等後期工作過程協助部門溝通，推動進度。」時光荏苒，如今趙偲伃已經手過《逃婚一百次》、《前男友不是人》、《紅衣小女孩：人面魚》、《誰是被害者》，是目前正在進行《模仿犯》後期製作的「老鳥」，也歷經從台灣電視台到接軌國際平台的過程，不斷地學習成長。幾乎是出社會後就一路在瀚草待了五年，問她為什麼？趙偲伃坦言：「首先是公司推出的作品真的都有好的面向，不管在製作或市場上的表現都好。而且我接觸這個工作後，實際與創作端人才的合作也開啟了自己在拍片現場或學校未曾接觸到的視野，可以參與到創意核心的討論，很有成就感。」她也特別感謝當時剛進瀚草時，後期製片前輩趙佩安、湯哥和老闆曾瀚賢手把手地帶領她，她笑說：「因為本來沒做過，剛開始在處理每個過程時都膽戰心驚，但只要是問他們問題，他們都很願意回答，慢慢地才能上手。」

而在內部建立後期部門，也成為瀚草在製作與行銷間建立互動與溝通橋梁的關鍵。趙偲伃說：「當作品要面對市場時，不管需要任何素材、預告或臨時增加短影音等等，都必須回到後期抓素材並套片製作，所以公司內部後期和行銷兩個部門其實有很密切的合作。」行銷總監卓庭宇也補充：「而且其實我們行銷通常只看了初剪就會開始著手行銷事宜，但後期製片對所有剪接素材的熟悉度遠比我們高，所以彼此間有丟接的溝通，可以變成他們反過來跟我們討論現在行銷想要達到的目標，有什麼素材可以用。」

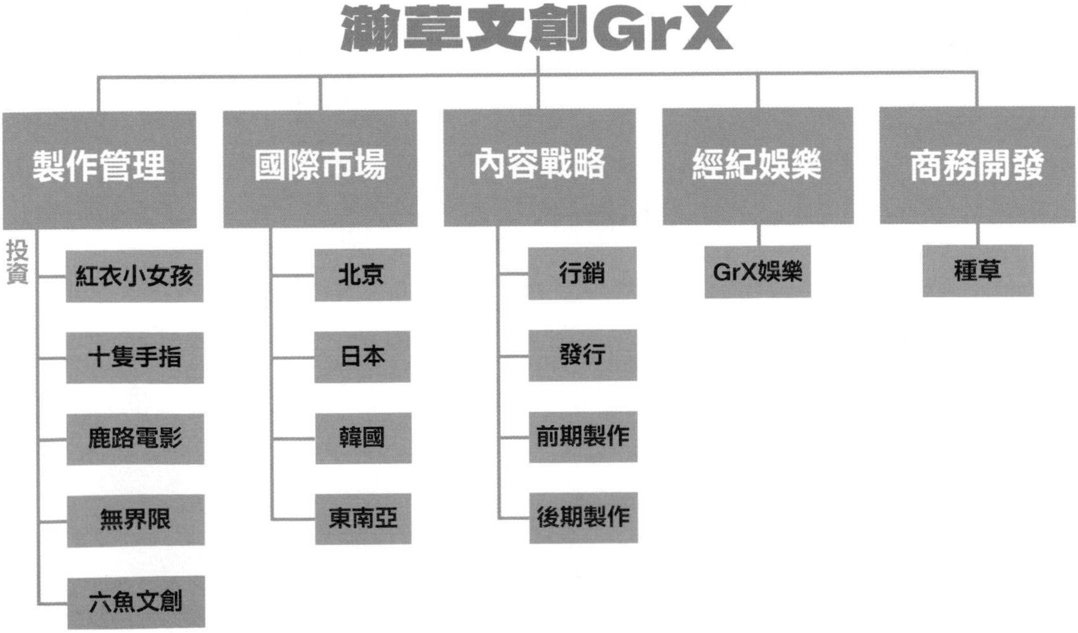

行銷總監卓庭宇／《麻醉風暴2》拍攝後期進公司

靜宜台文系畢業，曾師承知名影評人Ryan的卓庭宇，則是一路從影評人跨入電影發行，再轉職到行銷的奇才。身為一名想要更瞭解市場面的影評，他進入片商磨練後，又以專案行銷的自由身分參與了一部行銷規模較大的國片，在實際行銷第一線操作過程快速學習後，就剛好看到瀚草的行銷企畫職缺。而在《麻醉風暴2》拍攝末期、《紅衣小女孩2》剛拍完進入公司的卓庭宇，在瀚草的第一年就經歷了四個案子同時動的「震撼教育」，上述的兩個案子已準備上檔，同時還有《逃婚一百次》正在製作階段，《前男友不是人》還在前製階段。他坦言：「當時一口氣接觸到處於完全不同階段、不同類型的東西，老實說有點太多了！完全來不及上手就得上戰場。過程中我最感謝吉哥（陳信吉）！

因為吉哥為公司整合了製作端與行銷端，在這個基礎建設上，我們建立了SOP，一路延續到現在，也不斷在優化整合。」

同時，第一次接觸到製作階段的項目，卓庭宇坦言：「涉及與拍攝劇組的協調是全新的經驗，壓力很大，我又要擔任平台和劇組間的協調工作，當時我很菜，一開始真的曾經把自己當成傳話的人，很多問題來來回回。但我覺得這就是我們會想跟Hank一起工作的原因，瀚賢不一樣，他就是挺下面的人，他直接告訴我，你處理這件事就是代表瀚草，公司是你的靠山，你該思考怎麼做。那件事完全點醒我，後面就真的轉變心態，我就是代表公司去做我認為該做的事。」而這也是待了五年的卓庭宇對瀚草最大的印象：「我們做了很多行銷的嘗試都是全新的，但我們會接到的指示就是『去試』，成功失敗都沒關係，都是公司的經驗。同時吉哥也很認真在帶我們，每次出去開會完，都會與我們

覆盤會議的細節，為什麼對方會說這個、為什麼會先找這個人、到底在談什麼等等，讓我們成長得很快。」

製作人柯佀森／為了熱情從廣告栽進影視，《逃婚一百次》後進瀚草

柯佀森是在製作完《逃婚一百次》後正式進入瀚草，此前有十多年的時間都是業界的自由製片。他說明：「我很早就在《六堆》系列的時候認識瀚賢，因為我非常喜歡《阿嬤的夢中情人》，所以那時瀚賢找我一起工作，我就因為他而接了！」後來兩人一直都想再合作，直到《逃婚一百次》終於又合作到，他回想：「當時我是擔任製作統籌（Line Producer），合作過程中瀚草給我很大的空間，我也花很多時間協調創意和製作方。

拍完後瀚賢約我吃飯，問我下一步想做什麼。其實我本來最早入行是想當導演，但做到製片統籌後，深覺得在這個角色上，可以做的事可能比導演更多，甚至可以做得更久，所以想往製作人的方向走。」於是在思維一拍即合的狀況下，柯佀森進了瀚草擔任製作人，在瀚草開發製作了《同居吧！MC女孩》、《無界限》和《逃出立法院》三個年輕而多元的題材。柯佀森坦言：「在瀚草絕對是比較有機會做新的嘗試，當然做新嘗試一定辛苦，因為沒有前例，大家都摸索著怎麼做，也不確定怎麼回收，但也充滿挑戰和成就感。而且在瀚草接軌國際平台當中，學習說故事的新模式，我相信有些故事在瀚草才有機會被說、被做出來。」

製作人李玟億／從企畫到回鍋擔任製作人

李玟億與瀚草的緣分更是特別，「前半生」是在英雄旅程擔任企畫與前期開發工作，參與了《2049》、《誰是被害者》的前期工作，後來瀚草要讓她「進階」到製作協調相關的工作時，李玟億不是很有信心自己想參與製作現場；也想「放飛自我」充電思考一下，因此就暫時離開投入藝術展覽工作。她笑說：「但在新工作我其實做的也是執行製作，學到各階段的製作溝通，也發現自己喜歡上掌握進度與預算的PM角色。」

於是繞了一圈，就像一個命定的水到渠成，此時曾瀚賢再度與她聊職涯的想法，於是正式回到瀚草，擔任《誰是被害者》第二季與電影長片的製作人。李玟億坦言：「會回到瀚草，一方面是放飛自我的過程中發現自己的新能力，開始對製作產生興趣；另一方面是因為之前在瀚草企畫的案子都已經拍出來了，回來做也希望能有實際的經驗與成績。」

製作人陳凌立／業界老鳥、瀚草菜鳥

陳凌立和李玟億在瀚草內有相似的軌跡，差別是她在進瀚草前，已經歷經從片商、行銷到製作的完整經驗。她在二〇一九年進來瀚草體系，也是先在英雄旅程擔任開發、前期企畫工作，後來因為公司組織改造，她先前也曾跟完電影長片《狂徒》的前期、製作、後期到上檔，有完整的製作經驗，就轉換到瀚草擔任《模仿犯》的製作人。

在影視產業鏈打滾過一輪，陳淩立坦言：「我自己覺得最有趣的部分，其實是從文字的劇本影像化的過程，這個過程非常迷人有趣。」而《模仿犯》進入後期後，剛好進公司三年的她，剛進公司開發的案子目前其實差不多都要開始動，她笑說：「我現在是很期待，又怕受傷害！」曾在電影行銷職位多年的陳淩立，為什麼願意加入瀚草正式轉製作？她回憶道：「其實我認識瀚賢非常久，但一直沒有真正共事過，和偲森則是有實際合作過，當時他們找我聊，而我確實在做完《狂徒》後想要持續累積製作經驗，也知道瀚草有能力把籌備中的劇本拍出來，做劇本最重要就是可以被拍出來！我覺得瀚賢很實際，他想要做的題材在市場上都真的是有機會的，所以我就進來一起做了。」

瀚草文創、英雄旅程行政總監吳敏惠／從ＩＰ開發到野草計畫的總舵手

在瀚草打造生態系的過程中，如果說建立後期和行銷部門是為製作與市場間建立了橋梁，那麼二〇一六年成立「英雄旅程」就是建立故事初期開發和製作間的鏈結。英雄旅程行政總監吳敏惠表示：「最早瀚賢會想成立英雄旅程，就是因為很多合作的製片方、投資方都知道一劇之母在於本，但各自找編劇人才的過程很辛苦也很艱難。所以為了編劇與劇本特別成立這家公司，為什麼叫『英雄旅程』呢？一方面當然是劇本的內容就是一趟英雄旅程，但另一層意思：我們就是陪伴編劇這些『英雄』走過劇本開發這段旅程的公司。」

說起和瀚草的緣分，人稱敏惠姐的吳敏惠其實在電影圈確實輩分相當高，曾任

職於焦雄屏的極光電影和金馬創投會議。她笑說：「我自己在這行三十幾年了，不同職位的相關經驗值都夠，被找來當行政總監的時候，讓我會想來跟他們工作的關鍵還是核心的領導者瀚賢及湯哥。尤其是瀚賢，他有很強的理想與使命感，他的理想是讓大家期待與被說服的，工作過程也都有累的時候，但這兩個人是特別的領導者組合，一是非常互補，二是他們都一直在找新的方向、新的出路，所以瀚草的觸角才會這麼多元。我覺得他們的初衷很簡單，就是想做好戲，並不是多與眾不同或一定要做領頭羊，而是他們會看到別人看不到的東西，對於大家覺得困難的事勇於嘗試，我們就跟著嘗試。」

也是因為「勇於嘗試」的核心精神，英雄旅程不只陪伴瀚草自己的案子開發過程，也接受來自其他製作公司或平台的委託案，協助他們完成企畫與劇本開發；同時也讓觸角再次往外延伸，承接了文化部的「劇本開發診斷」活動，以及兩年一次的大型活動「野草計畫」，希望對業界能有活絡創意媒合的效果，也達到找到編劇及創意新血的目的。

進擊的台劇：故事×技術×IP放大，瀚草與合影視如何
打造影視台流，走向世界！

2022年6月初版　　定價：新臺幣630元
有著作權・翻印必究
Printed in Taiwan.

口述	曾瀚賢
	湯昇榮
撰文	廖昀靖、Rose
叢書主編	林芳瑜
特約編輯	魏嘉儀
美術設計	陳泳勝

出版者	聯經出版事業股份有限公司
地址	新北市汐止區大同路一段369號1樓
叢書主編電話	(02)86925588轉5318
台北聯經書房	台北市新生南路三段94號
電話	(02)23620308
台中辦事處	(04)22312023
台中電子信箱	e-mail：linking2@ms42.hinet.net
郵政劃撥帳戶第	0100559-3號
郵撥電話	(02)23620308
印刷者	文聯彩色製版有限公司
總經銷	聯合發行股份有限公司
發行所	新北市新店區寶橋路235巷6弄6號2樓
電話	(02)29178022

副總編輯	陳逸華
總編輯	涂豐恩
總經理	陳芝宇
社長	羅國俊
發行人	林載爵

行政院新聞局出版事業登記證局版臺業字第0130號

本書如有缺頁，破損，倒裝請寄回台北聯經書房更換。　ISBN 978-957-08-6316-1 (平裝)
聯經網址：www.linkingbooks.com.tw
電子信箱：linking@udngroup.com

國家圖書館出版品預行編目資料

進擊的台劇：故事×技術×IP放大，瀚草與合影視如何打造影視台流，走向世界！/曾瀚賢、湯昇榮口述．廖昀靖、Rose撰文．初版．新北市．聯經．2022年6月．304面＋16面別冊．17×23公分
ISBN 978-957-08-6316-1（平裝）

1.CST：電視節目製作　2.CST：電視劇　3.CST：傳播策略
4.CST：台灣

557.776　　111006587

歷屆金馬獎最佳劇情片得獎名單

1962（第1屆）	《星星月亮太陽》	電懋
1963（第2屆）	《梁山伯與祝英台》	邵氏
1965（第3屆）	《養鴨人家》	中影
1966（第4屆）	《西施》	台製、國聯
1967（第5屆）	《我女若蘭》	中影
1968（第6屆）	《路》	中影
1969（第7屆）	《小鎮春回》	台製廠
1970（第8屆）	《家在台北》	中影
1971（第9屆）	《緹縈》	中製廠
1972（第10屆）	《秋決》	大眾電影
1973（第11屆）	《忍》	鳳鳴
1975（第12屆）	《吾土吾民》	馬氏
1976（第13屆）	《梅花》	中影、香港第一公司
1977（第14屆）	《筧橋英烈傳》	中影
1978（第15屆）	《汪洋中的一條船》	中影
1979（第16屆）	《小城故事》	大眾

養鴨人家（中影公司／提供）

歷屆金馬獎最佳劇情片得獎名單

1980（第17屆）	《早安台北》	大眾
1981（第18屆）	《假如我是真的》	永昇
1982（第19屆）	《辛亥雙十》	中影、邵氏
1983（第20屆）	《小畢的故事》	中影
1984（第21屆）	《老莫的第二個春天》	高仕公司
1985（第22屆）	《我這樣過了一生》	中央電影事業股份有限公司
1986（第23屆）	《恐怖份子》	嘉禾電影（香港）有限公司、三一公司
1987（第24屆）	《稻草人》	中央電影事業股份有限公司
1988（第25屆）	《七小福》	邵氏公司、嘉禾電影（香港）有限公司
1989（第26屆）	《三個女人的故事》	學甫公司
1990（第27屆）	《滾滾紅塵》	湯臣（香港）電影有限公司
1991（第28屆）	《牯嶺街少年殺人事件》	楊德昌工作室
1992（第29屆）	《無言的山丘》	中央電影事業股份有限公司
1993（第30屆）	《囍宴》	三一公司、嘉禾電影股份有限公司
1994（第31屆）	《愛情萬歲》	三一公司、雄發
1995（第32屆）	《女人四十》	嘉禾電影（香港）有限公司
1996（第33屆）	《陽光燦爛的日子》	協和育樂股份有限公司、港龍電影有限公司
1997（第34屆）	《甜蜜蜜》	嘉禾娛樂事業有限公司、電影人製作有限公司
1998（第35屆）	《天浴》	呢喃的草地有限合夥公司

無言的山丘（中影公司／提供）

1999（第36屆）	《千言萬語》	卡士有限公司
2000（第37屆）	《臥虎藏龍》	縱橫影視、哥倫比亞電影、新力影業、好機器
2001（第38屆）	《榴槤飄飄》	Nicetop Independent Ltd.
2002（第39屆）	《美麗時光》	張作驥電影工作室
2003（第40屆）	《無間道》	寰亞電影
2004（第41屆）	《可可西里》	華誼兄弟、哥倫比亞電影
2005（第42屆）	《功夫》	哥倫比亞電影、中國電影集團公司北京電影製片廠、華誼兄弟
2006（第43屆）	《父子》	寬銀幕電影工作室
2007（第44屆）	《色，戒》	美國焦點影業、河流道娛樂事業、海上影業有限公司
2008（第45屆）	《投名狀》	寰亞電影有限公司、摩根&陳影業有限公司、中國電影集團公司
2009（第46屆）	《不能沒有你》	光之路電影有限公司、派對園電影有限公司
2010（第47屆）	《當愛來的時候》	張作驥電影工作室有限公司
2011（第48屆）	《賽德克・巴萊》	果子電影有限公司、中影股份有限公司
2012（第49屆）	《神探亨特張》	北京綠鑫國際文化傳媒有限公司、北京盟將威影視文化有限公司、上海銀潤傳媒廣告有限公司、北京光線影業有限公司
2013（第50屆）	《爸媽不在家》	新加坡電影發展司、義安理工學院
2014（第51屆）	《推拿》	陝西文化產業投資控股（集團）有限公司、陝西文投（影視）銀海投資有限公司

賽德克・巴萊（中影公司／提供）

2015（第52屆）	《刺客聶隱娘》	光點影業股份有限公司、中影國際股份有限公司、銀都機構有限公司、華策影業有限公司、寰亞電影製作有限公司、中國夢電影文化產業有限公司
2016（第53屆）	《八月》	北京麥麗絲影視文化有限責任公司
2017（第54屆）	《血觀音》	中環國際娛樂事業股份有限公司、原子映象有限公司、高雄人、喆學影像製作有限公司
2018（第55屆）	《大象席地而坐》	楚延華、胡永振
2019（第56屆）	《陽光普照》	本地風光電影股份有限公司、華文創股份有限公司、捌捌玖電影股份有限公司、鏡文學股份有限公司、聯聯看娛樂文化股份有限公司
2020（第57屆）	《消失的情人節》	華文創股份有限公司、影一製作所股份有限公司、美商華納兄弟（遠東）股份有限公司台灣分公司、國賓影城股份有限公司、威像電影有限公司
2021（第58屆）	《瀑布》	本地風光電影、氧氣電影、鏡文學、三皇生物科技、百聿數碼創意、華映娛樂

金鐘戲劇節目獎、迷你劇集電視電影獎得獎名單

1981（第16屆）	戲劇節目	台視劇場—久違了老哥（臺灣電視公司）
1982（第17屆）	連續劇	春望（中華電視台）
	單元劇	他是我兄弟（中華電視台）
1983（第18屆）	連續劇	巴黎機場（臺灣電視公司）
	單元劇	金獎劇場—歸情（中國電視公司）
1984（第19屆）	戲劇節目獎連續劇類	星星知我心（臺灣電視公司）
	戲劇節目獎單元劇類	金獎劇場—不要離開我（中國電視公司）
1985（第20屆）	戲劇節目獎連續劇類	挑夫（中國電視公司）
	戲劇節目獎單元劇類	華視劇展—影舞者（中華電視台）
1986（第21屆）	戲劇節目獎連續劇類	雲的故鄉（中華電視台）
	戲劇節目獎單元劇類	頂好劇場—秋月春風（中華電視台）
1987（第22屆）	戲劇節目獎連續劇類	創作劇坊—揚子江風雲（中國電視公司）
	戲劇節目獎單元劇類	中視劇場—另一種聲音（中國電視公司）

年份	類別	得獎作品
1988（第23屆）	戲劇節目獎連續劇類	爸爸原諒我（中國電視公司）
	戲劇節目獎單元劇類	華視劇展—陽光每天都來過（中華電視台）
1989（第24屆）	戲劇節目獎連續劇類	京華煙雲（中華電視台）
	戲劇節目獎單元劇類	台視劇場—錢在燒（臺灣電視公司）
1990（第25屆）	戲劇節目獎連續劇類	春去春又回（臺灣電視公司）
	戲劇節目獎單元劇類	名星劇場—關懷社會系列「布穀鳥聲聲催」（中國電視公司）
1991（第26屆）	戲劇節目獎連續劇類	六個夢—啞妻（中華電視台）
	戲劇節目獎單元劇類	佳家福—都是貪吃惹的禍（中華電視台）
1992（第27屆）	戲劇節目獎連續劇類	京城四少（中華電視台）
	戲劇節目獎單元劇類	經典劇場—床邊愛情故事：荒唐的愛（中華電視台）
1993（第28屆）	戲劇節目獎連續劇類	書劍恩仇錄（中華電視台）
	戲劇節目獎單元劇類	經典劇場—像我們這樣一個家（中華電視台）
1995（第30屆）	戲劇節目獎連續劇類	兄弟有緣（中華電視台）
	戲劇節目獎單元劇類	華視劇展—曉萍同志（中華電視台）
1997（第32屆）	戲劇節目獎連續劇類	勸世媳婦（中華電視台）
	戲劇節目獎單元劇類	金獎劇展：少年死亡告白（中國電視公司）

1999（第34屆）	戲劇節目獎連續劇類	**春天後母心**（民間全民電視股份有限公司）
	戲劇節目獎單元劇類	**華視劇展—出走**（中華電視股份有限公司）
2000（第35屆）	戲劇節目連續劇獎	**曾經**（財團法人公共電視文化事業基金會）
	戲劇節目單元劇獎	**誰在橋上寫字**（財團法人公共電視文化事業基金會）
2001（第36屆）	戲劇節目連續劇獎	**臥虎藏龍**（中國電視公司）
	戲劇節目單元劇獎	**逆女**（臺灣電視公司）
2002（第37屆）	戲劇節目連續劇獎	**大愛劇場—BI YA SU NA 別來無恙**（大愛衛星電視股份有限公司）
	戲劇節目單元劇獎	**違章天堂**（吳念真影像文化事業股份有限公司）
2003（第38屆）	戲劇節目連續劇獎	**孽子**（財團法人公共電視文化事業基金會）
	戲劇節目單元劇獎	**人生劇展—用力呼吸**（光影記事製作有限公司）
2004（第39屆）	戲劇節目獎	**赴宴**（財團法人公共電視文化事業基金會）
2005（第40屆）	戲劇節目獎（連續劇）	**浪淘沙**（民間全民電視股份有限公司）
	戲劇節目獎（單元劇）	**我的臭小孩**（汯呄霖電影有限公司）
2006（第41屆）	戲劇節目獎	**聖稜的星光**（中華電視股份有限公司）
	迷你劇集獎	**肉身蛾**（客家電視台）

金鐘戲劇節目獎、迷你劇集電視電影獎得獎名單

2007（第42屆）	戲劇節目獎	**危險心靈**（製作公司：財團法人公共電視文化事業基金會，公共電視）
	迷你劇集獎	**公視人生劇展—娘惹滋味**（製作公司：開典文化工作室，公共電視）
2008（第43屆）	戲劇節目獎	**命中注定我愛你**（製作公司：三立電視股份有限公司，三立電視、臺視）
	迷你劇集獎	**公視人生劇展—長假**（製作公司：三群製作事業有限公司，公視）
2009（第44屆）	戲劇節目獎	**痞子英雄**（財團法人公共電視文化事業基金會）
	迷你劇集／電視電影獎	**公視人生劇展—我的阿嬤是太空人**（視覺張力創意廣告事業有限公司）
2010（第45屆）	戲劇節目獎	**大愛劇場—《情義月光》**（製作公司：永續傳播有限公司，大愛電視台）
	迷你劇集／電視電影獎	**客家電視電影院—《討海人》**（客家電視台）
2011（第46屆）	戲劇節目獎	**客家劇場—雲頂天很藍**（客家電視台）
	迷你劇集／電視電影獎	**他們在畢業的前一天爆炸**（財團法人公共電視文化事業基金會）
2012（第47屆）	戲劇節目獎	**我可能不會愛你**（八大電視股份有限公司）
	迷你劇集／電視電影獎	**黛比的幸福生活**（尚華影視傳播有限公司）
2013（第48屆）	戲劇節目獎	**含苞欲墜的每一天**（財團法人公共電視文化事業基金會）
	迷你劇集／電視雷影獎	**公視人生劇展—權力過程**（波谷影片有限公司）

2014（第49屆）	戲劇節目獎	**刺蝟男孩**（參賽單位：財團法人公共電視文化事業基金會）
	迷你劇集／電視電影獎	**公視學生劇展—自由人**（參賽單位：阿榮企業有限公司）
2015（第50屆）	戲劇節目獎	**16個夏天**（參賽單位：聯意製作股份有限公司）
	迷你劇集／電視電影獎	**麻醉風暴**（參賽單位：財團法人公共電視文化事業基金會）
2016（第51屆）	戲劇節目獎	**一把青**（參賽單位：財團法人公共電視文化事業基金會、製作單位：台北創造電影有限公司）
	迷你劇集／電視電影獎	**川流之島**（參賽單位：中國電視事業股份有限公司、製作單位：瀚草影視文化事業股份有限公司）
2017（第52屆）	戲劇節目獎	**植劇場《天黑請閉眼》**（參賽單位：臺灣電視事業股份有限公司／好風光創意執行股份有限公司、製作單位：臺灣電視事業股份有限公司／好風光創意執行股份有限公司）
	迷你劇集獎	**通靈少女**（參賽單位：HBO Asia／財團法人公共電視文化事業基金會／IFA Media、製作單位：HBO Asia／財團法人公共電視文化事業基金會／IFA Media）
	電視電影獎	**公視人生劇展—告別**（參賽單位：興揚電影有限公司、製作單位：興揚電影有限公司）

川流之島

通靈少女（公共電視／提供）

2018（第53屆）	戲劇節目獎	**植劇場—花甲男孩轉大人**（參賽單位：好風光創意執行股份有限公司、製作單位：氧氣電影有限公司）
	迷你劇集獎	**他們在畢業的前一天爆炸2**（參賽單位：財團法人公共電視文化事業基金會、製作單位：一期一會影像製作有限公司）
	電視電影獎	**公視人生劇展—青苔**（參賽單位：魚禾草影像有限公司、製作單位：魚禾草影像有限公司）
2019（第54屆）	戲劇節目獎	**我們與惡的距離**（財團法人公共電視文化事業基金會、大慕影藝國際事業有限公司）
	迷你劇集獎	**奇蹟的女兒**（財團法人公共電視文化事業基金會、綠光全傳播有限公司）
	電視電影獎	**你的孩子不是你的孩子—貓的孩子**（財團法人公共電視文化事業基金會、移動小姐文字光影創作室）
2020（第55屆）	戲劇節目獎	**想見你**（香港商福斯傳媒有限公司台灣分公司／三鳳有限公司）
	迷你劇集獎	**俗女養成記**（中華電視股份有限公司）
	電視電影獎	**大吉**（新創電影短片、寓言工作室）

2021（第56屆）

戲劇節目獎	**天橋上的魔術師**（財團法人公共電視文化事業基金會／原子映象有限公司／台灣大哥大股份有限公司）
迷你劇集獎	**做工的人**（大慕影藝國際事業股份有限公司／凱擘影藝股份有限公司／台灣大哥大股份有限公司／華研國際音樂股份有限公司／家庭票房股份有限公司（HBO Asia））
電視電影獎	**主管再見**（影一製作所股份有限公司）

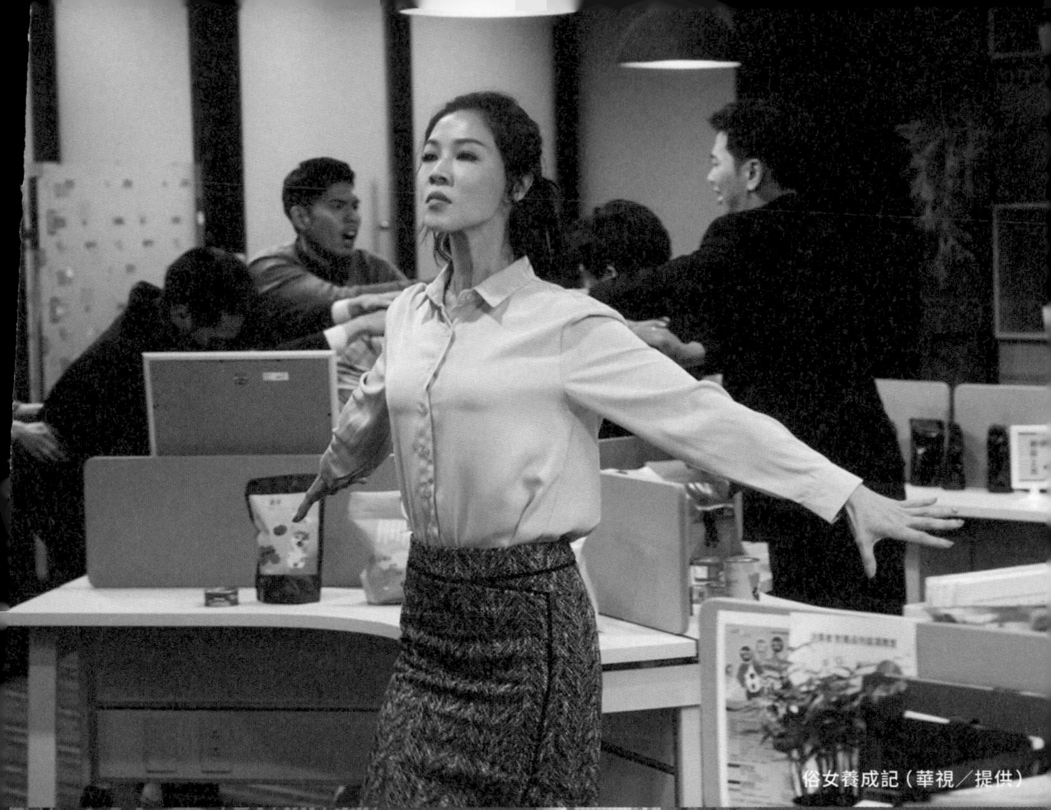
俗女養成記（華視／提供）

天橋上的魔術師（公共電視／提供）